Kohlhammer

Kohlhammer Trilogien

Herausgegeben von Jörg Armbruster

Die anderen beiden Bände der Trilogie „Von Hetzern und Empörten", Benjamin Hindrichs: *Rechtspopulisten: Radikale auf dem Weg zur Macht* und Christian Masengarb: *Make Democracy Sexy Again: In fünf Minuten pro Woche*, finden Sie unter:

https://shop.kohlhammer.de/trilogien

Die Autorin

Katharina Ceming, geboren in Augsburg, ist promovierte Philosophin und Theologin sowie habilitierte Theologin. Von 2003 bis 2010 war sie an den Universitäten Paderborn und Augsburg als wissenschaftliche Mitarbeiterin und Professorin tätig. Seit 2011 arbeitet sie als freiberufliche Dozentin und Publizistin. In ihren Veranstaltungen und Publikationen beschäftigt sie sich mit den Themen Spiritualität, Werten und Persönlichkeitsentwicklung. Gesellschaftspolitische Themen bilden den zweiten Schwerpunkt ihrer Tätigkeit. Sie liebt es, gemeinsam mit interessierten Menschen in entspannter Atmosphäre über Fragen nachzudenken, die das gute Leben betreffen.

Katharina Ceming

Entspannt Euch!
Warum moralische Empörung
nicht hilft

Verlag W. Kohlhammer

Dieses Werk einschließlich aller seiner Teile ist urheberrechtlich geschützt. Jede Verwendung außerhalb der engen Grenzen des Urheberrechts ist ohne Zustimmung des Verlags unzulässig und strafbar. Das gilt insbesondere für Vervielfältigungen, Übersetzungen, Mikroverfilmungen und für die Einspeicherung und Verarbeitung in elektronischen Systemen.

Dieses Werk enthält Hinweise/Links zu externen Websites Dritter, auf deren Inhalt der Verlag keinen Einfluss hat und die der Haftung der jeweiligen Seitenanbieter oder -betreiber unterliegen. Zum Zeitpunkt der Verlinkung wurden die externen Websites auf mögliche Rechtsverstöße überprüft und dabei keine Rechtsverletzung festgestellt. Ohne konkrete Hinweise auf eine solche Rechtsverletzung ist eine permanente inhaltliche Kontrolle der verlinkten Seiten nicht zumutbar. Sollten jedoch Rechtsverletzungen bekannt werden, werden die betroffenen externen Links soweit möglich unverzüglich entfernt.

Umschlagabbildung: © Ирина Батюк – stock.adobe.com

1. Auflage 2025

Alle Rechte vorbehalten
© W. Kohlhammer GmbH, Stuttgart
Gesamtherstellung:
W. Kohlhammer GmbH, Heßbrühlstr. 69, 70565 Stuttgart
produktsicherheit@kohlhammer.de

Print:
ISBN 978-3-17-044977-0

E-Book-Formate:
pdf: ISBN 978-3-17-044978-7
epub: ISBN 978-3-17-044979-4

Print-Paket der Trilogie „Von Hetzern und Empörten":
ISBN 978-3-17-045024-0

Inhalt

Vorwort des Herausgebers 7

Zum Auftakt 15

Dimensionen des woken Moralismus 23

Das Weltbild: Worin gründet Wokeness? 45

Was macht woken Moralismus so attraktiv? 91

Die Strategien der woken Moralisierung 103

Wie Moralisierung die Gesellschaft verändert 133

Was wir brauchen 149

Literatur 161

Vorwort des Herausgebers

Es ist der 29. September 2024 am späten Nachmittag. Die Nationalratswahlen in Österreich gehen zu Ende. In der „Stiegl-Ambulanz", einer auf Tradition bedachten Gastwirtschaft im 9. Wiener-Bezirk, haben sie sich versammelt, die sogenannten Freiheitlichen, die Mitglieder der rechtspopulistischen FPÖ. Feiern wollen sie am Ende eines Wahlkampfes voller Hass und Hetze. Dann, kurz nach 17:00 Uhr, ist es so weit. Die erste Hochrechnung. Der blaue Balken schießt in die Höhe. Bei 29,1 Prozent bleibt er stehen. Großer Jubel. Die anderen Parteien weit abgeschlagen hinter der FPÖ. Ihre Parolen haben also gezündet bei den Wählern. Parolen wie: „Österreich den Österreichern" oder „Ausländer raus". Auf „Systemmedien" und „Einheitsparteien" schimpfte Spitzenkandidat Herbert Kickl im Wahlkampf, ein „Volkskanzler" werde er sein. Nazi-Jargon, den er offensichtlich liebt. Von der EU hält er nicht viel, um so mehr von Putin, mit dem die FPÖ ein bis heute noch nicht offiziell aufgekündigter Freundschaftsvertrag verbindet. Hilfe für die Ukraine kommt für ihn nicht in Frage. Glaubt man den demokratischen Parteien wie ÖVP, SPÖ oder den Grünen, dann ist seine Chance, irgendwann einmal tatsächlich „Volkskanzler" zu werden, allerdings gering. Trotz seines Wahlerfolges. Schon lange vor dem Wahltag hatten sie versprochen, nicht mit diesen weit rechtsstehenden Politpopulisten zu koalieren. Wie ernst ihnen dieser Schwur ist, muss sich noch zeigen.

Die FPÖ und Österreich sind bei weitem keine Einzelfälle in Europa. Im Gegenteil. So gut wie in jedem Land der EU lassen sich inzwischen Parteien mit ähnlich populistischen Programmen und ähnlich aggressiven Politikern ausmachen. Und damit nicht genug: Bei Wahlen sind sie fast überall erfolgreich. Schier unaufhaltsam scheinen Rechtspopulismus und Rechtsextremismus auf dem Vormarsch zu sein.

In den Niederlanden zieht der lange mitleidig belächelte Rechtsextremist und Islamhasser Geert Wilders als Graue Eminenz die Strippen der rechtskonservativen Koalitionsregierung. Einmal im Amt ist es sehr schwer, diese Demokratieverächter wieder loszuwerden. Denn gewählte Rechtspopulisten wie Italiens Giorgia Meloni, bekennende Postfaschistin und erklärter Mussolini-Fan, und Ungarns Autokrat Viktor Orbán bauen systematisch – auch mit zweifelhaften Methoden – ihre Machtbasen aus, um ihre Ämter als Staats- oder Ministerpräsidenten möglichst abzusichern. Sie versuchen die Presse gleichzuschalten, greifen in die eigentlich unabhängige Justiz ein oder beschneiden die Rechte der Opposition. Ähnliches kann man vermutlich auch von Frankreichs bekanntester Rechtsaußenpolitikerin und EU-Verächterin Marine Le Pen erwarten, sollte sie eines vielleicht nicht allzu fernen Tages in den Élysée-Palast gewählt werden. Sogar im angeblich so liberalen Skandinavien regieren inzwischen rechtsextreme Parteien mit, in Schweden die sogenannten „Schwedendemokraten", in Finnland nennen sie sich „Die wahren Finnen".

Auch in Deutschland freunden sich immer mehr Bürger mit dem Gedanken an, die in Teilen gesichert rechtsextremen Populisten der AfD zu wählen, bei den Landtagswahlen 2024 im Osten bis zu 30 Prozent. Bei der Sonntagsfrage überflügelt sie inzwischen sogar bundesweit die Kanzlerpartei SPD und liegt hinter Spitzenreiter CDU. Sie alle wollen eines: weniger Demokratie mehr Autokratie.

Warum aber gehen Wähler, von denen die meisten bislang demokratische Parteien gewählt hatten, solchen Hasspredigern auf den Leim? Was macht sie stark, was machen die demokratischen Parteien falsch? Warum sind sie europaweit so erfolgreich? Diesen und weiteren Fragen geht Benjamin Hindrichs nach im ersten Band dieser Trilogie, *Rechtspopulisten: Radikale auf dem Weg zur Macht*. Seine Antworten sind nicht erfreulich, eher beunruhigend, ja alarmierend.

Entspannt Euch, empfiehlt dagegen Katharina Ceming und warnt vor inzwischen allzu beliebten Empörungsritualen und Hypermoralismen, wenn es in Diskussionen um Gerechtigkeitsfragen, Antidiskriminierung oder Rassismus geht. Für eine Gesellschaft zweifellos wichtige, wenn nicht gar entscheidende Themen. Und natürlich müssen sich Demokraten gegen die menschenverachtenden Ideologien von ganz rechts zur Wehr setzen. Das ist überlebenswichtig für unsere Gesellschaft. Wenn auch moralische Empörung über Rechtshetzer vom Schlage Höcke und Co. nur zu verständlich ist, läuft doch vieles nicht gut bei diesen Debatten. Zu dogmatisch. Zu rechthaberisch. Zu wenig zuhörend. *Warum moralische Empörung nicht hilft*, erklärt Ceming in zweiten Band dieser Trilogie.

Heute kann schon eine Frisur ausreichen, sich den Vorwurf angeblich illegitimen kulturellen Diebstahls einzuhandeln. So geschehen im März 2022 in Hannover. Eine von Fridays for Future eingeladene weiße Reggaemusikerin wollte bei einem Klimastreik mit Dreadlocks auftreten. Als die Veranstalter von deren verfilzter Haartracht erfuhren, luden sie sie postwendend wieder aus. Der Vorwurf: kulturelle Aneignung. Ein solcher Auftritt sei „aus antikolonialistischer und antirassistischer Sicht" nicht vertretbar, teilte FFF mit. Einer Weißen stehe ein solcher, an Rastafari-Vorbildern angelehnter Kopfschmuck nicht zu.

Tatsächlich haben Dreadlocks eine koloniale Vorgeschichte. Entstanden in den Armenvierteln der jamaikanischen Hauptstadt Kingston, wollten sich die Rastafari durch ihr Erscheinungsbild von den weißen Eliten der Insel abgrenzen, um so gegen Sklaverei, Diskriminierung und koloniale Unterdrückung zu protestieren. Berechtigte Anliegen also, die man unterstützen sollte. Nur wenn solche Solidarität dazu führt, dass gutmeinende Aktivisten andere Gutmeinende einzig wegen einer Frisur canceln, weil sie glauben, das Anliegen der People of Color besonders krass schützen zu müssen, dann schießen sie weit über das Ziel hinaus. Auch übersehen sie dabei: Sich mit anderen Kulturen auseinanderzusetzen, sich mit ihnen auszutauschen, sich auch an ihnen zu reiben und am Ende Elemente der anderen zu übernehmen oder – hoffentlich – auch eigene an sie abzugeben, all das sind wichtige Voraussetzungen, dass Kulturen sich entwickeln können. Kulturelle Aneignung ist also durchaus begrüßenswert und nicht pauschal zu verdammen.

Als Folge solch kompromissloser Engstirnigkeit sieht Ceming letztendlich den allmählichen Verfall von Toleranz. Statt lebendiger Vielseitigkeit starres Schwarz-Weiß-Denken, statt Pluralismus störrische Einseitigkeit, vielleicht sogar so etwas wie Beihilfe zur Errichtung einer Gesinnungsdiktatur, kurz eine erhebliche Gefahr für die offene Gesellschaft. Gutgemeintes, so Ceming, laufe Gefahr Gutdurchdachtes außer Kraft zu setzen.

Dabei sind die zugrunde liegenden Theorien sogar progressiv gemeint und versprechen beispielsweise den benachteiligten Afroamerikaner mehr Gerechtigkeit. Die Critical Race Theory etwa geht davon aus, dass Rassismus nicht nur ein Haltungsproblem einzelner Menschen, sondern strukturell tief in den Gesellschaften verwurzelt ist, bewusst oder unbewusst. Auf dieser strukturellen Ebene sei jeder Weiße letztendlich ein Rassist, selbst dann, wenn er persönlich Menschen mit anderer Hautfarbe ausdrücklich achtet. Die strukturelle Diskriminierung sei leicht im Alltag der Benachteiligten erkennbar, so auf dem Arbeitsmarkt (bessere Jobs für Weiße), bei der Wohnungssuche (Bildung von Ghettos nach Hautfarbe) oder bei der Polizei (Racial Profiling). Wenn aber dieser sicherlich sehr nachdenkenswerte Ansatz zu Bildersturm und neuer Diskriminierung verkommt, wird er zu einem gesellschaftlichen Rückschritt. Moralisch hoch aufgeladen zwar, aber keine Lösung gesellschaftlicher Probleme.

Solcher Hypermoralismus, den Ceming eher in einem progressiven und linken Milieu verortet, führt zu Intoleranz und autoritären Strukturen in einer Gesellschaft, nicht aber zu mehr Gleichheit und Gerechtigkeit. Daher schlägt sie vor, moralisch abzurüsten. Außerdem, dem anderen mit mehr Wertschätzung zu begegnen, auch wenn der ganz anders tickt als man selbst. Kurz, sie empfiehlt: *Entspannt Euch* – moralische Empörung hilft nicht!

Ist also die Demokratie in Gefahr, gar am Ende? Zerrieben zwischen rechten Populisten und linken Moralisten? Wie viel Sorgen muss man sich um die offene Gesellschaft machen? Warum verlieren Menschen die Lust an dieser sicherlich anspruchsvollen und mit vielen Fehlern behafteten, aber dennoch besten aller Politikformen? Warum gehen sie gerade in schwierigen Zeiten den kurzen und bequemen Weg zu Allesversprechern, Fanatikern und anderen Eiferern? Und wie kann man sie zurückgewinnen, sie wieder für Demokratie begeistern, sie überzeugen, dass Populisten oder Moralisten nichts als politische Hohlschwätzer sind, die Bürger entmündigen wollen? Gar nicht so schwer, meint Christian Masengarb im dritten Band dieser Trilogie, *Make Democracy Sexy Again*. Wir erreichen die Menschen nur selten auf einer bloß rationalen Ebene. Also weniger Kopf, mehr Bauch. Demokratie müsse wieder attraktiv und aufregend, schlicht unwiderstehlich gemacht werden. Sexy eben. Etwas, wofür sich die Bevölkerung begeistert.

Aber wer soll das bitte schön machen und wie? Masengarbs Antwort: Wir alle, denn seiner Meinung nach liegt es allein an uns, also an jedem Einzelnen, ob diese für alle offene Regierungsform die Angriffe von rechts wie links erfolgreich abwehren kann. Übeväter oder Übermütter, die uns in salbungsvollen Sonntagsreden erklären wollen, welche Vorteile wir von der Demokratie haben, helfen nicht. Genauso wenig lebensferne Staatsphilosophien oder komplizierte Demokratiemodelle. Schwätzer und Prediger schaden diesem großen Projekt nur. Wichtig sei, so Masengarb, dass die Demokratiefreunde ihre Zufriedenheit mit unserer Gesellschaftsform im Alltag nach außen tragen. Wichtig sei außerdem klares und nüchternes Denken, die eigenen Argumente abzuwägen, Irrtümer einzugestehen und anderen zuzuhören und Respekt zu zollen. Einander nicht das Schlechteste unterstellen. Das sind notwendige Tugenden, die eine demokratische Gesellschaft am Leben erhalten. Fanatismus erstickt sie, genauso Rechthaberei oder Einseitigkeit. Anders als autokratische Systeme leben Demokratien von Diskurs und Debatten und vom Glauben, dass allein lebendige Diskussionen eine Gesellschaft weiterbringen.

Der wichtigste Appell Masengarbs an seine Leser ist: Alle vier Jahre wählen gehen reicht nicht. Demokratie muss im Alltag gelebt werden. Von jedem Bürger. Und das jeden Tag.

Stuttgart, im Dezember 2024   Jörg Armbruster

Zum Auftakt

„Shut up and listen!" – „Shame on you!" – Eine Einladung zum Diskurs sind diese Aussagen nicht. Doch das sollen sie auch nicht sein. Mit diesen und ähnlichen Parolen brüllten am 10. Februar 2024 propalästinensische Aktivisten bei einer Kunstperformance im Museum Hamburger Bahnhof in Berlin Veranstalter, Beteiligte und das Publikum nieder. Ihr Ziel war es nicht, über den Gazakrieg zu diskutieren. Sie wollten ihre Sichtweise als einzig gültige im öffentlichen Raum behaupten. Ihre Position: Israel ist ein kolonialistisches Projekt und ein Apartheitsstaat ohne Existenzrecht. In Gaza begeht Israel Völkermord.

Zur Performance hatte die kubanische Künstlerin Tania Bruguera eingeladen. Einhundert Stunden lang sollten Gäste aus Hannah Arendts Buch *Elemente und Ursprünge totaler Herrschaft* lesen, u. a. Mirjam Wenzel, Leiterin des Jüdischen Museums Frankfurt. Kurz nach Beginn von Wenzels Lesung sprangen die Aktivisten auf und skandierten ihre Parolen: „No more silence, no more fear, genocide is crystal clear", „From the river to the sea, Palestine will be free" oder „Five, six, seven, eight, Israel is a terrorist state, five, six, seven, eight, Germany is a fascist state". Also, Israel sei ein Terrorstaat, der Völkermord begehe. Palästina solle vom Jordan bis zum Meer bestehen (Israel also aufhören, zu existieren). Und Deutschland sei faschistisch, weil es Israel unterstützt.

Wenzel und Braguera wurden als Zionistinnen beschimpft, der Zionismus als faschistisch gebrandmarkt. Als einzelne Rufe aus dem Publikum nach einem Dialog erklangen, wurden diese mit „Shame, Shame!" beantwortet oder noch drastischer mit „Get out of my fucking face!" Eine Teilnehmerin, die erklärte, das Anliegen der Protestierer zu unterstützen, bekam zu hören: „Wärst du inhaltlich auf unserer Seite, wärst du still."

Als Braguera darauf verwies, was sie schon alles für die Sache der Palästinenser getan habe, wurde sie angeschrien, dass sie „immer noch eine weiße Person" sei, die „durch ihr Weißsein privilegiert sei". Der libanesischstämmige Co-Direktor des Museums, Sam Bardaouil, versuchte die Aktivisten zum Gespräch einzuladen, doch auch er wurde als „Rassist" und „Araber mit weißer Haut" beschimpft.

Was wie eine Realsatire klingt – die britische Komikertruppe Monty Python hätte in den siebziger Jahren ein solches Setting filmisch vermutlich so inszeniert, wie man es auf von den Aktivisten hochgeladenen Videos sehen kann –, ist heute oft zu erleben, wenn linke Aktivisten in Erscheinung treten.

Im Juni 2024 brachten propalästinensische Sympathisanten ein Banner am Haus der Direktorin des Brooklyn Museums, Anne Pasternak, an, auf dem zu lesen war: „Anne Pasternak. Brooklyn Museum. White supremacist zionist." Die Fassade wurde mit Farbe und roten Dreiecken beschmiert, wie sie die Hamas zur Kennzeichnung ihrer Feinde verwendet. Pasternak ist nicht nur Direktorin eines Kunstmuseums, sondern versteht sich selbst als linke Aktivistin. Mit ihrer Arbeit setzt sie sich seit Jahren für Minderheiten ein, wofür sie die

Rechten in den USA hassen. Doch auch sie zog sich den Zorn links-woker Aktivisten zu.

Ich habe den Eklat im Hamburger Bahnhof und den Vandalismus gegen Pasternaks Haus nicht wegen des Israel-Palästina-Konflikts gewählt, der seit dem 7. Oktober 2023 zu einer massiven Diskursverschärfung geführt hat, sondern weil hinter den wütend hinausgebrüllten Parolen, Beleidigungen und Anschuldigungen Theorien und Überzeugungen stehen, die das Fundament für den woken Kampf gegen Diskriminierung und Ungleichheit darstellen. In beiden Fällen zeigt sich zudem, wie stark die Emotionen sind, die diese Bewegungen antreiben.

Wer am lautesten schreit, bestimmt den Diskurs

Bei dieser Form des Aktivismus geht es primär darum, die eigene Perspektive als die einzig moralisch vertretbare Position im öffentlichen Diskurs durchzusetzen. Doch dadurch trägt der woke Aktivismus zur Erhitzung des gesellschaftlichen Klimas bei. Zwar ist Deutschland nicht so gespalten, wie es oft dargestellt wird, aber die Ränder radikalisieren sich schneller und werden lauter, während die Mitte zunehmend verstummt. Das zeigen die Untersuchungen der Soziologen Steffen Mau, Thomas Lux und Linus Westheuser.

Die Mitte der Gesellschaft schweigt aus mehreren Gründen. Menschen mit extremeren Meinungen oder Positionen äußern sich tendenziell lauter und öfter als Menschen mit gemäßigteren Positionen, da sie ihre Ansichten verbreiten möchten. Aktivisten schließen sich eher in Gruppen zusammen, da sie etwas verändern möchten. Die Mitte hingegen hat weniger Veränderungsbedarf, weniger Sendungsbewusstsein und organisiert sich deshalb seltener.

Das Paradox der Mitte besteht darin, dass sie die Mehrheit darstellt, aber kaum wahrnehmbar ist. Menschen, die sich der Mitte zugehörig fühlen, (er)kennen einander nicht. Deshalb lässt die Zugehörigkeit zur Mitte kein Gruppengefühl entstehen. Ohne uns einer Gruppe zugehörig zu fühlen, verhalten wir uns vorsichtiger und zurückhaltender. Die Mitte schweigt aber auch, weil immer mehr Menschen glauben, nicht mehr alles sagen zu können, was sie denken.

Laut einer Umfrage von Allensbach und Media Tenor haben fast 60 Prozent der Bevölkerung das Gefühl, vorsichtig sein zu müssen mit dem, was sie sagen. Sie befürchten keine staatlichen Repressionen, sondern soziale: den Abbruch von Beziehungen, das An-den-Pranger-gestellt-werden, berufliche Nachteile usw. Die Themen, über die sie schweigen, sind die Kernanliegen progressiver Gruppen. Es ist daher nicht erstaunlich, dass die Umfrage auch gezeigt hat, dass Menschen mit höherer Bildung eher glauben, frei sprechen zu können. Über 50 Prozent dieser Gruppe haben keine Bedenken, ihre Meinung zu äußern. Bei den Grünen-Wählern sind es sogar 75 Prozent.

Wenn 60 Prozent der Menschen glauben, dass es besser ist, bestimmte Dinge nicht mehr zu sagen, ist das eine problematische Entwicklung. Meinungen und Überzeugungen verschwinden nicht, nur weil sie nicht mehr ausgesprochen werden. Rechtspopulisten nutzen dieses Phänomen als Mobilisierungspotenzial. Sie besetzen die entsprechenden Themenfelder und bieten sich als Sprachrohre an, um das Nicht-mehr-Gesagte wieder in den öffentlichen Diskurs einzubringen.

Doch rechtspopulistische Bewegungen sind nicht einfach nur wohlmeinende Sprachrohre für diejenigen, die das Gefühl haben, bestimmte Themen dürfen nicht mehr angesprochen werden. Sie radikalisieren diese Themen und passen sie in ihre Agenden ein. Weil die Mitte der Gesellschaft sich politisch immer weniger mit bestimmten Parteien verbunden fühlt, können rechte Parteien Teile der einstigen Mitte an sich binden, indem sie diese Themen aufgreifen.

Wohin die Reise geht

In den letzten Jahren haben woke Überzeugungen im öffentlichen Diskurs an Einfluss gewonnen. Das erklärte Ziel von Aktivisten ist es, das Bewusstsein der Menschen gegenüber allen Formen von Diskriminierung und Marginalisierung zu schärfen, um diese zu bekämpfen. Dabei verzichten sie jedoch darauf, ihre Ansichten und Position zu erklären oder zu begründen, und versuchen diese stattdessen als moralisch alternativlos durchzusetzen. Nicht einmal so sehr ihre Ziele selbst, wohl aber die Strategien und Methoden zur Umsetzung dieser Ziele stoßen bei einer wachsenden Zahl von Menschen auf Ablehnung, da viele Aktivisten mit Mitteln der Moralisierung und Empörung arbeiten. Ihre Empörung gründet in der Überzeugung, moderne westliche Gesellschaften seien nicht offener und liberaler geworden, sondern nach wie vor ein Hort von Intoleranz und Diskriminierung.

Doch diese Wahrnehmung spiegelt nicht die gesellschaftliche Realität in Deutschland wider. Es gibt immer noch einen relativ großen gesellschaftlichen Konsens darüber, dass Ungleichheit und Diskriminierung nicht sein sollen. Eine vorsätzliche Diskriminierung von Minderheiten findet die breite Mehrheit inakzeptabel, wie Steffen Mau, Thomas Lux und Linus Westheuser in ihrem Buch *Triggerpunkte* gezeigt haben. Weniger Einigkeit gibt es bei den Fragen, was genau als diskriminierend bewertet wird und was angemessene Strategien sind, um Benachteiligungen zu beseitigen. Was woke Aktivisten bereits als Diskriminierung betrachten, empfindet die breite Mehrheit der Bevölkerung noch nicht als solche.

Steffen Mau verweist darauf, dass es wichtig sei, zwischen sogenannten Vorbehalten erster und zweiter Ordnung, zu unterscheiden. Von Vorbehalten erster Ordnung spricht er, wenn ein Thema an sich abgelehnt wird, wie beispielsweise Geschlechtergerechtigkeit oder Transsexualität. Vorbehalte zweiter Ordnung beziehen sich hingegen auf die jeweiligen Strategien, mit denen Gleichheit erreicht werden soll: also auf die Methoden.

Aktivisten unterscheiden diese beiden Vorbehalte nicht. Dadurch kann es passieren, dass Menschen, die zwar bestimmte Methoden ablehnen, aber die Ansicht vertreten, jeder solle nach seiner Façon selig werden, der vorsätzlichen Diskriminierung beschuldigt werden. Wer sich zu Unrecht angeklagt fühlt, wehrt sich dagegen. Die Gegenwehr speist sich ihrerseits aus einer gewissen Emotionalität. Diese zeigt sich in einer gesamtgesellschaftlichen Erregungskurve, die dem Miteinander nicht zuträglich ist.

In diesem Band geht es daher um die Klärung der Fragen, woraus sich die Empörung woker Aktivisten speist, was ihren Kampf antreibt, weshalb ihre Methoden trotz des von vielen akzeptierten Ziels, Ungleichheit zu reduzieren, auf so viel Widerstand stoßen. Was wäre nötig, damit die offene Gesellschaft, in der Menschen gleichberechtigt miteinander leben können, weiterhin von einer großen Mehrheit der Bevölkerung mitgetragen wird?

Dimensionen des woken Moralismus

Vom Universalismus zur Identitätspolitik

„Ich habe einen Traum, dass meine vier kleinen Kinder eines Tages in einer Nation leben werden, in der sie nicht nach der Farbe ihrer Haut, sondern nach dem Inhalt ihres Charakters beurteilt werden. Ich habe heute einen Traum!" Mit diesen Worten rief Martin Luther King zum Kampf für Gleichheit und gegen Diskriminierung auf. Seine leidenschaftliche Rede spiegelte den universalistischen Geist wider, der lange Zeit progressive Bewegungen prägte. King glaubte fest daran, dass alle Menschen gleichwertig sind, unabhängig von äußeren Merkmalen, und dass sie trotz ihrer Verschiedenheiten miteinander eine Nation und Gesellschaft bilden könnten.

Doch in jüngster Zeit hat sich ein Teil der progressiven Bewegung von diesem Ansatz entfernt. Kritiker des Universalismus argumentieren, äußere Merkmale zu ignorieren, um Ungleichheit zu bekämpfen, zementiere Ungerechtigkeit. Sie halten den bisherigen Kampf gegen Benachteiligung für gescheitert, da in westlichen Gesellschaften weiterhin erhebliche, vor allem ökonomische Ungleichheiten bestehen. Zu den ökonomischen Ungleichheiten kommen noch ungleiche Chancen bezüglich Teilhabe und Gestaltung gesellschaftlicher Prozesse hinzu. Betroffen von Ungleichheit sind überproportional Menschen bestimmter, durch äußere Merkmale identifizierbare Gruppen: Schwarze beispielsweise oder Frauen. Für progressive Aktivisten ist daher jede Form von Ungleichheit ein Zeichen von Ungerechtigkeit, die vollständig beseitigt werden muss.

Sie fordern, dass marginalisierte Gruppen ihre spezifischen Eigenarten leben und sich darüber identifizieren sollen, anstatt Teil des Mainstreams zu werden. Die Mehrheitsgesellschaft hat die Verpflichtung, diesen Weg positiv zu unterstützen. Merkmale wie Hautfarbe, Ethnie und Geschlecht, die der Grund für Diskriminierung sind, gelten progressiven Aktivisten jetzt als wesentliche Identifikationsmerkmale. Ausgegrenzte Menschen dürfen darauf stolz sein. Das besondere Augenmerk liegt dabei auf den ethnischen und geschlechtlichen Merkmalen, da sie Menschen stärker prägen als Haltungen, Talente, Neigungen, Vorlieben oder politische Präferenzen. Da nur Angehörige der gleichen Gruppe die Eigen- und Andersheit sowie die damit verbundenen Erfahrungen wirklich verstehen, dürfen auch nur sie über diese sprechen. Mitglieder der Mehrheitsgesellschaft können sich höchstens zu Verbündeten machen und die Interessen dieser Gruppen unterstützen.

Identitätspolitische Ideen waren bis vor kurzem auf den universitären Raum beschränkt. Doch seit den 2010er Jahren verbreiten sie sich durch soziale Medien auch außerhalb der universitären Welt. Wer bis vor kurzem zeigen wollte, dass er diese Sichtweise teilt und danach handelt, bezeichnete sich als *woke*, also als „aufgewacht". Der Begriff wurde besonders im Kontext der Black-Lives-Matter-Bewegung populär, obwohl er älter ist. In der ersten Hälfte des 20. Jahrhunderts nutzte die afroamerikanische Bewegung *woke*, um ein waches Bewusstsein für soziale und ethnische Ungerechtigkeiten zu beschreiben. Diese Bedeutung hat der Begriff bis heute. Allerdings wird er mittlerweile nicht mehr als Selbstbezeichnung gewählt, da rechte Bewegungen ihn zu einem Kampfbegriff erkoren haben.

Im identitätspolitisch-woken Denken entwickelte sich eine neue Vorstellung von einer gerechten und gleichen Gesellschaft. Diese Vorstellung zielt darauf ab, gruppenspezifische Benachteiligungen zu beseitigen, indem Mitglieder der jeweiligen Gruppe bevorzugt behandelt werden, bis die Benachteiligung verschwindet.

Die vielen Gesichter des Moralismus

Gutmensch, Weltretter, Klimakleber – diese Begriffe fallen schnell, wenn progressives Engagement kritisiert wird. Dahinter steht die Überzeugung, dem Handeln lägen überzogene moralische Kategorien zugrunde. Doch nicht jeder Aktivismus, der progressive Ideale verwirklichen möchte und mit Werten verbunden ist, stellt eine Form von Moralisierung dar. Genauso wenig ist das Phänomen des Moralisierens gleichbedeutend mit moralisch begründeter Kritik an Missständen.

Beides wird leicht verwechselt, da sich mit der Moderne moralische Maßstäbe und Bewertungskriterien verändert haben. Vieles, was über Jahrhunderte als moralisch geboten galt, wird heute kritisch gesehen. Aber nicht alle Menschen finden diese Veränderungen gut. Sie orientieren sich weiterhin an traditionellen Normen und empfinden die neuen moralischen Normen als Kritik an ihrer Lebensweise oder als überzogen. Der Unterschied zwischen traditionellen und modernen Werten und Normen liegt vereinfacht gesprochen darin, dass moderne Werte universeller geworden sind. Die Werte gelten nicht mehr nur für die Mitglieder der eigenen Gruppe, sondern für alle Menschen. Dazu kommt, dass der Schutz der physischen und psychischen Unversehrtheit des Individuums an Bedeutung gewonnen hat.

Progressive Menschen stehen althergebrachten Ordnungen skeptischer gegenüber, da diese in der Regel bestehende Herrschaftsstrukturen stabilisieren. Sie reagieren stärker und früher auf gruppenspezifisches Unrecht. Ihr Fokus ist weniger darauf gerichtet, dass das Leben der eigenen Gruppe funktioniert, sondern darauf, dass Individuen und benachteiligte Gruppierungen in der Gesellschaft zu ihren Rechten kommen.

Deshalb treten Progressive meist als Kritiker und selten als Verteidiger traditioneller Werte auf. Die Rolle der Verteidiger übernehmen eher die Konservativen. Wenn Progressive mehr Schutzrechte für das Individuum fordern, weil sie dieses durch die Gesellschaft bedroht sehen, empfinden Konservative das oft als unangemessen und halten diese Forderungen für übertrieben. Sie sehen darin eine Form von Moralisierung. Doch eine Kritik, hinter der moralische Normen stehen, ist noch kein Moralismus. Dieser speist sich aus anderen Quellen. Dazu zählen:

- der moralische Fundamentalismus, der durch Prinzipienreiterei den Kontext außer Acht lässt und aus einer Mücke einen Elefanten macht,
- die Ausweitung moralischer Kategorien auf Lebensbereiche, die man nicht zwingend unter moralischen Normen verhandeln muss,
- die Unterlassung, eine Position mit Argumenten zu begründen, da das angestrebte gute Ziel scheinbar eine Begründung überflüssig macht, sowie die Tendenz, Spannungen und Mehrdeutigkeiten auf die Pole von richtig und falsch sowie gut und böse zu reduzieren,
- die moralische Selbstdarstellung, bei der es primär darum geht, als moralische Person wahrgenommen zu werden,
- der unangemessene Ton, in dem echtes oder vermeintliches Fehlverhalten angeprangert wird.

Christian Seidel und Christian Neuhäuser definieren Moralismus in ihrem Buch *Was ist Moralismus?* als moralische Überreaktion, die in unverhältnismäßiger Weise ein Fehlverhalten Dritter kritisiert. Lassen Sie uns die Quellen des Moralismus der Reihe nach ansehen.

Der blinde Fleck des moralischen Fundamentalismus: Wenn aus einer Mücke ein Elefant wird

„Diese Mannschaft ist wirklich großartig. Stellt euch vor, da wären nur weiße deutsche Spieler". Mit diesem Tweet sorgte die Grünen-Politikerin Katrin Göring-Eckhardt während der Fußball-EM 2024 für Aufsehen. Der Tweet löste Empörung aus und wurde als rassistisch kritisiert. Göring-Eckhardt löschte ihn daraufhin sofort. Doch warum thematisierte sie überhaupt die Hautfarbe des deutschen Fußballteams?

Kurz vor der EM zeigte eine ARD-Umfrage, dass 20 Prozent der Befragten sich mehr weiße Spieler in der deutschen Nationalmannschaft wünschten. Göring-Eckhardt war entsetzt über dieses Ergebnis. Mit ihrem Tweet wollte sie die Vielfalt und den Wert eines multiethnischen Teams hervorheben. Doch die Erwähnung der Hautfarbe führte dazu, dass ihr Tweet als rassistisch eingestuft wurde, obwohl die wenigsten Kritiker ihr selbst eine rassistische Haltung unterstellten.

Der moralische Fundamentalismus kümmert sich nicht um die Kontexte, in die eine Aussage eingebettet ist, sondern bewertet den Wortlaut. Verstößt dieser gegen Normen, muss die Normverletzung geahndet werden. Dass Göring-Eckhardt mit ihrem Tweet ihren Unmut über den Wunsch nach einer „weißeren" Nationalmannschaft zum Ausdruck bringen wollte, zählte nicht.

Nicht viel anders als der Grünen-Politikerin erging es drei niederländischen EM-Fans. Sie sagten zwar nichts Falsches, aber sie taten etwas, das als Normverletzung gewertet wurde. Bei einem Spiel ihrer Mannschaft saßen sie in Retrotrikots, mit schwarzen Rasta-Perücken, aufgeklebten Schnurrbärten und schwarz geschminkten Gesichtern im Stadium, worauf man ihnen „Blackfacing" vorwarf. Blackfacing war ein Bestandteil der amerikanischen Minstrel-Shows im 19. Jahrhundert, bei denen weiße Schauspieler sich schwarz schminkten, um negative Stereotype über Schwarze zu verbreiten.

Die Absicht der drei Fußballfans war jedoch offensichtlich nicht, Schwarze zu verspotten oder rassistisch zu beleidigen. Es sollte eine Hommage an Ruud Gullit sein. Er war einer der bedeutendsten niederländischen Nationalspieler, der mit seinem Team 1988 die EM gewonnen hatte. Ruud Gullit fühlte sich von der Aktion geehrt.

Diese Beispiele verdeutlichen einen Aspekt des Moralismus: Handlungen oder Aussagen werden verurteilt, ohne die spezifischen Umstände zu berücksichtigen. Im Fall der holländischen Fans wollten diese nur wie ihr Idol aussehen. Das starre Festhalten an Prinzipien ohne Berücksichtigung des Kontexts führt zu einem Denken, das nur richtig oder falsch kennt.

Blackfacing dient der Lächerlich-Machung und Abwertung von Menschen. Darüber muss nicht diskutiert werden. Die historischen Belege sind eindeutig. Doch nicht immer, wenn Menschen sich das Gesicht schwarz oder andersfarbig schminken, tun sie das, um die betroffene Gruppierung abzuwerten. Um Missverständnisse zu vermeiden, mag es sinnvoll sein, ganz darauf zu verzichten. Doch dazu müssen Menschen erst einmal wissen, dass das, was sie tun, als problematisch bewertet wird. D. h. sie müssen Kenntnis von Theorien haben, aufgrund derer die negative Bewertung erfolgt.

Auch in der eingangs beschriebenen Situation der propalästinensischen Aktivisten im Museum Hamburger Bahnhof in Berlin ist dieser Fundamentalismus erkennbar. Für sie gab es nur eine einzig moralisch akzeptable Haltung: die radikale Verdammung Israels. Wer diese Position nicht bedingungslos, ohne Wenn und Aber teilte, wurde automatisch als Feind der Palästinenser betrachtet und mit einem „Shut up and listen" zum Schweigen gebracht.

Ausgeträumt:
Warum Thérèse im Verborgenen träumen soll

Im Jahr 2017 forderte eine Petition die Entfernung von Balthus' Gemälde *Träumende Thérèse* aus dem Metropolitan Museum of Art. Der Künstler hatte die Dreizehnjährige 1938 in einer Pose gemalt, die ihre Unterwäsche deutlich zeigt. Die Initiatorin der Petition sah in dem Bild eine Verherrlichung des Voyeurismus und der Sexualisierung von Kindern. Sie bezeichnete es als pornografisch. Das Museum entschied sich jedoch, das Bild in der Ausstellung zu belassen.

Diese Kontroverse wirft eine wichtige Frage auf: Ist Kunst den Regeln der Moral verpflichtet oder darf sie Tabus brechen, um zu provozieren? Darf sie das Verbotene, Lasterhafte und sozial Unerwünschte thematisieren? In den letzten

Jahren scheint die Zahl der Menschen zu wachsen, die diese Fragen mit Nein beantworten.

Lange Zeit versuchten vor allem Konservative, künstlerische Ausdrucksformen durch Zensur zu unterbinden, während die Progressiven für die Kunstfreiheit stritten. Doch mittlerweile holen woke Gruppierungen mit Zensurwünschen auf. Allerdings aus anderen Gründen. Sie fordern eine Beschränkung der Kunstfreiheit, um benachteiligte Gruppen vor Verletzungen zu schützen. Rechte tun dies, um das aus ihrer Sicht „gesunde Volksempfinden" zu bewahren.

Wieso stellen woke Zensurbestrebungen eine Form von Moralisierung dar? Moralische Normen und Urteile werden auf Bereiche ausgedehnt, die nicht zwingend unter moralischen Kategorien abgehandelt werden müssten. Kunst möchte ja nicht einfach ein Abbild der alltäglichen Realität sein. Grenzüberschreitungen waren und sind Teil des künstlerischen Selbstverständnisses. Womit nicht gesagt ist, dass es nicht Grenzüberschreitungen gibt, die gesellschaftlich nicht mehr akzeptiert werden können. Doch ob solche vorliegen, entscheiden Gerichte nach juristischen Kategorien.

Die Ausweitung moralischer Konzepte und die Anwendung moralischer Normen auf alle Lebensbereiche ist ein Teil des woken Kampfes für eine gerechtere und diskriminierungsfreie Gesellschaft. Früher trieb man Sport, weil man sich fit halten wollte oder einem die Bewegung Spaß machte. Heute heißt es, sich erst zu vergewissern, ob bestimmte Sportarten noch vertretbar sind. Cheerleading sieht sich dem Vorwurf ausgesetzt, sexistische Klischees zu befördern, Golf, rassistisch zu sein, weil People of Color dort kaum vorkommen.

Die Tatsache, dass heute quasi keine „unschuldigen" Bereiche mehr existieren, erklärt vielleicht, warum es mittlerweile so häufig zu Konflikten im zwischenmenschlichen Umgang kommt, die durch die Sozialen Medien verstärkt werden. Selbst scheinbar harmlose Gespräche über das Wetter können zu hoch emotionalen Diskussionen über den Klimawandel ausarten.

Ich habe recht, weil mein Ziel moralisch gut ist

Die dritte Art des Moralisierens ist diejenige, die heutzutage vor allem den politischen Diskurs prägt. Sie zeichnet sich dadurch aus, dass darauf verzichtet wird, mit rationalen Argumenten zu begründen, warum etwas sein soll.

Die Methode, die dabei zum Einsatz kommt, ist relativ einfach. Eine bestimmte Position wird mit einem als gut anerkannten Wert verbunden. Damit gilt die Position automatisch ebenfalls als gut, da der Wert gut ist. Ein positiver Nebeneffekt dieses Vorgehens für die Moralisierer ist, dass auf diese Weise eine kritische Auseinandersetzung mit der Position unterbunden wird. Denn wer die Position infrage stellt, stellt den damit verbundenen Wert infrage, da beide zu einer Einheit verschmolzen wurden.

In der Politik finden wir mannigfaltiges Anschauungsmaterial für diese Methode. Im Sommer 2023 stritt die Ampelregierung über die Finanzierung der Kindergrundsicherung. Der von allen Gruppierungen anerkannte Wert war der Schutz und die Förderung der schwächsten Mitglieder der Gesellschaft: der Kinder. FDP-Finanzminister Christian Lindner lehnte jedoch die von der Grünen-Familienministerin Paus geforderten zwölf Milliarden Euro für die Kindergrundsicherung ab. Er erklärte, dass er nicht mehr als zwei Milliarden Euro bewilligen könne.

Übereinstimmung bestand also darin, dass Deutschland armen Familien helfen müsse, um ihren Kindern bessere Startchancen im Leben zu ermöglichen. Die Meinungsverschiedenheiten entzündeten sich erwartungsgemäß an der Frage, wie dieses Ziel zu erreichen sei. Lindner vertrat die Ansicht, dass höhere staatliche Leistungen für Familien nicht zwangsläufig die Lebensperspektiven ihrer Kinder verbessern würden. Er wies auf den Zusammenhang zwischen Zuwanderung und Kinderarmut hin. Insbesondere Kinder aus Familien, die seit 2015 nach Deutschland gekommen sind, seien laut Lindner von Kinderarmut betroffen, während die Quote bei deutschen Kindern kontinuierlich sinke. In diesem Zusammenhang stellte Lindner die Frage, ob es nicht sinnvoller wäre, den Eltern bei der Sprachförderung, Weiterbildung und Integration zu helfen, um die Kinder besser zu unterstützen.

Die Reaktionen waren vorhersehbar. Lindner und der FDP wurde Hartherzigkeit vorgeworfen. Der Hauptgeschäftsführer des Paritätischen Gesamtverbandes, Ulrich Schneider, erklärte, dass es natürlich besondere Angebote für zugewanderte Familien brauche und dass Eltern befähigt werden sollten, in Arbeit zu kommen. Doch dies sei kein Argument dafür, Kinder in Armut zu belassen. Schneider sagte der Funke Mediengruppe zudem, dass der Eindruck entstehe, Lindner versuche, die Kindergrundsicherung als effektives Mittel gegen Armut zu verhindern. Fraktionschef Dietmar Bartsch von der Linken sagte gegenüber dem RND: „Die soziale Kälte des Finanzministers gegenüber armen Kindern ist erschreckend." Die Kinderarmut sei aktuell so hoch wie noch nie zuvor in Deutschland. „Die Ampel ist bisher keine familienfreundliche Regierung."

Was hatte Lindner getan? Er hatte hinterfragt, ob die gewählte Methode zur Problemlösung angemessen ist: Wird es die Chancen der Kinder langfristig verbessern, wenn man den betroffenen Familien mehr Geld gibt?

Bei diesem Beispiel geht es mir nicht um Lindners Beweggründe oder die Haltung der FDP zur Sozialpolitik, sondern um die Reaktionen darauf. Lindners Aussagen wurden nicht auf der Sachebene kritisiert, sondern auf der moralischen Ebene verurteilt. Die Ablehnung, den Familien mehr Geld zu geben, wurde als Herzlosigkeit bewertet und als Desinteresse an der Verbesserung der Situation der Kinder interpretiert. Eine grundlegende Analyse der Ursachen für Kinderarmut fand nicht statt. Diese Analyse wäre aber notwendig, um zielgerichtet zu helfen.

Von Kinderarmut und damit von schlechten Zukunftschancen sind besonders Kinder von Alleinerziehenden, aus bildungsfernen Familien und besonders Kinder aus bildungsfernen migrantischen Familien betroffen, deren Eltern soziokulturell gesehen am unteren Ende der gesellschaftlichen Skala stehen. Angesichts der Tatsache, dass in Deutschland der schulische Erfolg stark vom soziokulturellen Hintergrund der Eltern abhängt, ist es durchaus berechtigt, zu hinterfragen, ob allein mehr Geld für diese Familien eine bessere Zukunft für ihre Kinder garantiert. Die meisten Bildungsforscher fordern jedenfalls, dass der Staat ein qualitativ hochwertiges Betreuungssystem aufbauen müsse, um benachteiligten Kindern, die in der Regel arm sind, dauerhaft zu helfen. Es geht dabei um gut ausgestattete Kitas, eine qualitative Ganztagsschulbetreuung – also um Investitionen in das System.

Um auf die Diskussion zurückzukommen: Ob Christian Lindner an diese Maßnahmen dachte, die nicht nur viel Geld kosten, sondern zusätzliches Personal benötigen, das es aktuell nicht gibt, bleibt offen. Entscheidend war, dass das gute Ziel (Kinder vor Armut zu schützen) mit einem einzigen Weg (mehr Geld für die Familien, also mit einer individuellen Unterstützung) verbunden wurde.

Die Befürworter der individuellen Familienförderung mussten den von ihnen gewählten Weg nicht begründen, denn das Ziel war gut. Wer hingegen den Weg infrage stellte, stellte auch das Ziel infrage, so zumindest die Überzeugung vieler, die glaubten, mit mehr Geld für die Familien die Zukunft der Kinder positiv beeinflussen zu können.

Diese enge Verknüpfung von Mittel bzw. von Weg und positiv bewertetem Ziel ist auch im woken Aktivismus sehr beliebt. Sie ermöglicht es, alle moralisch anzugreifen, die bezweifeln, dass die vorgeschlagenen Methoden tatsächlich die beste Wahl sind. Der Gegner wird ausgebremst, da er sich gegen das Stigma zu Wehr setzen muss, unmoralisch zu sein, was aber heute kaum noch möglich ist. Es gibt noch einen weiteren positiven Effekt für die Anwender der Methode. Wenn der Gegner scheinbar als schlechter Mensch enttarnt ist, erstrahlt das eigene Selbst im besten Licht. Der Wunsch, als besonders gut und moralisch wahrgenommen zu werden, ist ein fester Bestandteil des Moralisierens.

Moralisches Schaulaufen oder: Ich empöre mich, also bin ich wichtig

Beim moralischen Schaulaufen, der Zurschaustellung der eigenen moralischen Größe, geht es nur vordergründig um eine echte Kritik an einem Missstand. Das eigentliche Anliegen besteht darin, zu zeigen, dass man auf der richtigen Seite steht und deshalb ein besonders moralischer Mensch ist. Christian Neuhäuser und Christian Seidel, die den Begriff des moralischen Schaulaufens in ihrem Buch *Was ist Moralismus?* verwenden, verweisen aber zurecht darauf, dass es von außen nicht immer zu erkennen ist, ob jemand eine Show abzieht oder es der Person tatsächlich um die Sache geht.

Historisch betrachtet war das Zurschaustellen der Moral eher ein religiöses Phänomen und weniger charakteristisch für progressive Gruppen. Mittlerweile neigen allerdings besonders Gruppen und Individuen, die sich als sehr progressiv betrachten, zu dieser Zurschaustellung ihrer Moral.

Um die erwünschte Aufmerksamkeit zu erhalten, müssen die anderen jedoch erst einmal aufmerksam gemacht werden. Das beste Mittel dafür ist die Empörung. Sie sichert die gewünschte Beachtung und demonstriert die richtige moralische Gesinnung. Je heftiger Empörung artikuliert wird, desto mehr kann der Empörte damit rechnen, Anerkennung von Sympathisanten zu bekommen. Empörung ist aber nicht identisch mit moralischer Selbstdarstellung, sondern sie ist ein Werkzeug dafür. Nicht jede Form der Empörung speist sich aus der Lust am moralischen Schaulaufen.

Psychologisch gesehen ist die Empörung eine Form der Wut. Sie signalisiert Entrüstung über etwas, das als Unrecht empfunden wird. Damit ist sie indirekt ein guter Indikator für das Wertesystem des Empörten. Anders als Wut, die meist negativ bewertet wird, kann Empörung Sympathien wecken.

Empörung richtet sich nicht immer gegen persönlich erlebtes Unrecht. Menschen empören sich auch über Unrecht, das einer Gruppe widerfährt, mit der sie sich identifizieren und mit der sie sympathisieren. Empörung kann regelrecht ansteckend sein und sie verfügt über ein hohes Mobilisierungspotenzial. Kluge politische Strategen wissen dies zu nutzen, indem sie Empörungswellen erzeugen.

Da Empörung durch ein empfundenes Unrecht aktiviert wird, ist sie mit keiner bestimmten politischen Richtung verbunden. Progressive und reaktionäre Gruppen empören sich gleichermaßen. Lediglich die Inhalte, über die man sich empört, unterscheiden sich. Rechte Gruppen empören sich eher über etwas, das sie als Unrecht gegen sich selbst wahrnehmen, während Progressive nicht selbst Opfer des Unrechts sein müssen.

In der Geschichte der Menschheit flankierte moralische Empörung sehr oft den Kampf gegen Ungerechtigkeit. Erst durch die empörte Anklage tritt das Unrecht ins öffentliche Bewusstsein. Da so die Unterstützung für das Anliegen wächst, steigt die Wahrscheinlichkeit, dass der Kampf dagegen erfolgreich geführt werden kann.

Was die großen geschichtlichen Kämpfe gegen Ungleichheit und Ungerechtigkeit jedoch von woken Kämpfen unterscheidet, ist die Dimension des Unrechts, das mit Empörung angeklagt wurde. Wenn wir historisch zurückblicken, sehen wir, dass sich diese gegen gruppenspezifische Benachteiligungen wie Sklaverei, Frauendiskriminierung, Antisemitismus, Leibeigenschaft usw. richtete, aber auch gegen individuelles Unrecht, wie im Fall des zu Unrecht verurteilten jüdischen Offiziers Alfred Dreyfus am Ende des 19. Jahrhunderts. Seine Rehabilitierung verdankte er nicht nur seinen direkten Unterstützern, sondern auch der Empörung, die Émile Zolas öffentlicher Brief *Ich klage an* entfachte.

Bei den von woken Aktivisten losgetretenen Empörungskampagnen bewegt sich das angeprangerte Unrecht meist in anderen Dimensionen. Während Aktivisten vorausgegangener Jahrhunderte anprangerten, dass bestimmten Personengruppen Recht vorenthalten wurden, richtet sich der Kampf woker Aktivisten oftmals gegen Aussagen oder Verhaltensweisen, die als diskriminierend interpretiert werden, obwohl man sie auch anders lesen könnte. Etwas wird zu einem Unrecht, weil die woken Aktivisten Kontexte nicht berücksichtigen, moralische Prinzipien in einer fundamentalistischen Art und Weise auslegen oder eine negative Intention unterstellen, die nicht vorliegen muss.

Es wäre jedoch ungerecht, zu unterstellen, dass alle Empörten nur moralische Heuchler sind. Während der moralische Heuchler nur vorgibt, empört zu sein, empfindet der wirklich Empörte das Unrecht, über das er sich aufregt. Dennoch ist der Übergang von echter Empörung zum moralischen Schaulaufen nicht allzu weit. Das hat nicht nur, aber vor allem mit den Sozialen Medien zu tun, die durch ihre Reichweite eine perfekte Bühne für alle bieten, die sich inszenieren wollen.

In Sozialen Medien erhält jeder, der seine moralische Überlegenheit zur Schau stellen möchte, mühelos soziale Anerkennung. Man muss nicht mehr moralisch handeln, sondern nur seine Gesinnung zeigen und Zustimmung oder Ablehnung lautstark artikulieren. Da es nicht mehr ums moralische Tun geht, ist die zentrale Frage nach Philipp Hübl nicht länger das kantische „Was soll ich tun?", sondern „Wie soll ich darüber reden?".

Anerkennung ist eine soziale Droge. Sie macht Menschen glücklich, weshalb sie mehr davon möchten. Am leichtesten gelingt dies, wenn sie die Empörungsspirale immer weiter befeuern. Es geht aber nicht nur darum, Anerkennung zu erhalten. Eine ebenso wichtige Motivation, moralische Empörung zu zeigen, ist der menschliche Wunsch nach Selbstvergewisserung. Indem wir uns empören, versichern wir uns unserer Werte und, dass wir auf der richtigen Seite stehen. Indem wir die Empörung öffentlich machen, zeigen wir uns einer bestimmten Gruppe zugehörig. Als soziale Wesen ist für uns

Menschen die Gruppenzugehörigkeit ein wichtiger Aspekt, der zu unserem psychischen Wohlbefinden beiträgt.

Der Ton macht die Musik

Moralische Selbstdarsteller glänzen nicht nur auf dem Empörungsparkett. Sie verstehen sich auch in der der hohen Kunst der moralisierenden Anklage. Oft trifft es jene, die sich selbst als links oder liberal sehen, siehe die Direktorin des Brooklyn Museums, Anne Pasternak. Ist der Vorwurf erst erhoben, gilt er zugleich als Beweis, und die betroffene Person kann sich kaum noch wehren.

Doch unabhängig davon, ob es sich um eine ungerechtfertigte Beschuldigung handelt oder ob ein wirklicher Missstand angeprangert wird, der Ton, in dem kommuniziert wird, dient nicht der Sache. Sätze wie „Wer das generische Maskulinum verwendet, ist ein Sexist" oder „Wie kann man im 21. Jahrhundert noch so rückständig sein?" lösen eher Widerstand als Zustimmung aus. Anklagen, Vorwürfe und Bevormundungen verhärten die Fronten, statt einen konstruktiven Dialog zu ermöglichen und die Verhältnisse zu verändern.

Mit einer anklagenden und auf moralische Überlegenheit zielende Rhetorik erreicht man die eigenen Sympathisanten, aber nicht den Rest der Gesellschaft. Dies gilt in verstärktem Maß, wenn den zur Schau gestellten Werten Taten folgen, die diesen Werten nicht entsprechen.

Das Problem ist aber nicht nur, dass durch die Art, wie Menschen belehrt oder abgekanzelt werden, ihr Widerstand gegen das betreffende Thema wächst. Es besteht die Gefahr, dass sie weitere Positionen von Gruppen übernehmen, die ihre Ablehnung teilen. Wem die gendersensible Sprache durch Belehren und Gängeln erst recht madig gemacht wurde, wird, wenn Rechtspopulisten diese Ablehnung mit einer Portion Antifeminismus würzen, leichter zu überzeugen sein, dass es Männer in unserer Gesellschaft viel schwerer haben als Frauen. Ist diese Überzeugung erst gefestigt, werden weitere Überzeugungen übernommen, die man anfangs so noch gar nicht geteilt hat. Obwohl man ursprünglich kein Leugner des Klimawandels war, gelten Klimaschutzmaßnahmen nun als Gängelung einer hysterischen, verbotswütigen Elite. Alles, was von der anderen Seite kommt, wird nach und nach abgelehnt, unabhängig davon, ob es sinnvoll ist oder nicht. Es reicht, dass es von der gegnerischen Seite stammt.

In Deutschland ist dieses Phänomen der Themenkopplung noch nicht so radikal ausgeprägt wie in Amerika, aber die Tendenz zur Kopplung wächst, wie die Soziologen Steffen Mau, Thomas Lux und Linus Westheuser gezeigt haben. In Amerika ist die Kopplung in beiden politischen Lagern bereits vollzogen. War in den siebziger Jahren das Thema Umweltschutz noch ein wichtiges Thema der Republikaner, so wuchs die Ablehnung in den kommenden Jahrzehnten, je stärker die Demokraten Umwelt- und Klimaschutz zu ihrem Thema machten.

Die Ablehnung aller Themen des Gegners führt ferner dazu, dass jeder Angriff der gegnerischen Seite auf Personen aus dem eigenen Lager zu einer Art Gütesiegel für die angegriffene Person wird. Die Argumentation ist recht einfach: Weil alles, was die Gegner tun und denken, falsch ist, muss ihre Kritik an der Person ebenso falsch sein. Im Umkehrschluss bedeutet dies, dass die Person aus dem eigenen Lager recht hat. Alle nachgewiesenen Gesetzesverstöße Donald Trumps beispielsweise scheinen seine Anhänger eher als Bestätigung der Großartigkeit ihres Kandidaten zu sehen, der es dem „Establishment" so richtig zeigt, und weniger als Ausschlusskriterium für seine Wahl.

Dass ein Multimilliardär als Gegenentwurf zum Establishment gesehen werden kann, hat ganz nebenbei damit zu tun, dass Rechtspopulisten und ihre Anhänger äußerst selten Wirtschaftseliten im Blick haben, wenn sie von Eliten sprechen. Die meisten dieser rechtspopulistischen Gruppierungen huldigen dem Neoliberalismus, obwohl sie gleichzeitig gegen die Globalisierung sind. – Das am Rande: Logische Widersprüche stören nur Menschen, die auf logischer Stimmigkeit bestehen. – Wenn Rechtspopulisten von Eliten sprechen, meinen sie die Gruppen, die als Bildungseliten oder kulturelle Eliten gelten. Diese sind gut gebildet, wertemäßig meist kosmopolitisch und humanistisch orientiert und oftmals gesellschaftspolitisch (links) engagiert. Wenn man Donald Trump ansieht, stellt man fest, dass keines dieser Kriterien auf ihn zutrifft, weshalb er sich als Gegenentwurf zu den sogenannten „abgehobenen Eliten" präsentieren kann.

Ebenso sind in Deutschland Enthüllungen über die AfD für eine wachsende Zahl von Menschen kein Grund, sich von dieser Partei abzuwenden, sondern ein Gütesiegel. Nachdem das Recherchenetzwerk *Correctiv* über die Remigrationsideen der AfD berichtete, gingen nicht nur die Zustimmungswerte der Partei besonders im Osten Deutschlands nach oben, sondern vor allem die Zahl der Mitgliedsanträge stieg.

Ähnliches konnte man bei Hubert Aiwanger von den Freien Wählern erleben. Er erlitt durch die mediale Diskussion um das antisemitische Flugblatt, das er als Schüler in Umlauf brachte, keinen Karriereknick, sondern seine Freien Wähler konnten bei der bayerischen Landtagswahl im Herbst 2023 zulegen.

Das Weltbild: Worin gründet Wokeness?

Die verschleierte Wirklichkeit: Wenn alles durch die Brille der Kritischen Theorien betrachtet wird

Der woke Kampf gegen die verschiedenen Formen von Diskriminierung gründet in Theorien, die sich im Kontext des Poststrukturalismus ab den siebziger Jahren des 20. Jahrhunderts entwickelt haben. Wesentliche Elemente des Poststrukturalismus sind die Bestreitung eines objektiven Wissens sowie die Überzeugung, dass alle Lebensvollzüge in ein Machtsystem eingebunden sind, das Unterdrückung produziert.

Inspiriert von den Ideen Jacques Derridas, Michel Foucaults und anderer Poststrukturalisten, versuchten Denker und Denkerinnen wie Edward Said, Gayatri Chakravorty Spivak, Derrick Bell oder Kimberlé Crenshaw diese doch sehr theoretischen Ideen politisch fruchtbar zu machen. Etliche dieser Ansätze haben Helen Pluckrose und James Lindsay in ihrem Buch *Zynische Theorien* analysiert.

In Amerika war es vor allem der schwarze Jurist Derrick Bell, der, enttäuscht von den juristischen Veränderungen, welche die Bürgerrechtsbewegung erzielt hatte, einen neuen Weg einschlug. Er war davon überzeugt, dass der weiße Rassismus mehr oder weniger in die DNA der amerikanischen Gesellschaft eingeschrieben sei. Um eine Verbesserung der Lebenssituation von Schwarzen zu bewirken, brauche es Gruppenrechte, die an die ethnische Abstammung gekoppelt seien, so Bell. Seine Ideen beeinflussten eine ganze Generation junger Akademiker, die diese weiterentwickelten und unter dem Etikett „Critical Race Theory" bekannt machten. Auch wenn die Critical Race Theory ihren Ursprung in den Rechtswissenschaften hat, etablierte sie sich in nahezu allen Geistes- und Kulturwissenschaften.

Die Critical Race Theory war ein radikaler gedanklicher Bruch mit der in der Menschenrechtserklärung fixierten Idee des Universalismus, wonach jedem Menschen aufgrund seines Menschseins gleiche Rechte zustehen. Im Gegensatz zum Universalismus sahen die Vertreter der Critical Race Theory in der Fokussierung auf gruppenspezifische Identitätsmerkmale den entscheidenden Schlüssel zur Veränderung der Gesellschaft. Wichtig ist demnach, dass Menschen erkennen, wie sehr ihre von ihrer Gruppenzugehörigkeit geprägte Identität ihren Blick auf die Welt bestimmt. Ein Schwarzer sieht die Welt anders als ein Weißer, eine Frau anders als ein Mann, eine queere Person anders als eine heterosexuelle.

Das Interessante dabei ist, dass gerade im Kontext des Poststrukturalismus ursprünglich alle Identitätsmerkmale als Ausdruck einer sozialen Konstruktion verstanden wurden. Man kritisierte alle Versuche, Identität als etwas wesenhaft Unveränderliches zu verstehen. Es war die indische Literaturwissenschaftlerin Gayatri Chakravorty Spivak, die mit ihrem Konzept des „strategischen Essentialismus" Foucaults Theorie mit den aktivistischen Bedürfnissen verband. Sie vertrat die Ansicht, dass es aus Gründen des politischen Aktivismus notwendig sei, von fixen Identitätsmerkmalen bei marginalisierten Gruppen auszugehen, um erfolgreich gegen Diskriminierung vorgehen zu können. Diesen Ansatz hat die Identitätspolitik als ein zentrales Werkzeug etabliert.

Die Theorien der Postmoderne, der Critical Race Theory und des Postkolonialismus bilden das geistige Gerüst der Identitätspolitik. Ausgehend von der Critical Race Theory dominiert die Überzeugung, dass Rassismus unabhängig von individuellen Ansichten und Überzeugungen wirkt. Weiße haben aus rassistischen Überzeugungen eine Gesellschaft geformt, die durch Gesetze und Lebensweisen so geprägt ist, dass sie immer noch den Weißen als Gruppe Vorteile sichert. Es ist dabei völlig unerheblich, ob einzelne Weiße individuelle Vorurteile haben oder nicht.

Das Prinzessin auf der Erbse-Phänomen: Sensibilisierung gegen Unrecht

Eines der größten Probleme, das sich m. E. aus dieser identitätspolitisch-woken Sichtweise der Gesellschaft ergibt, ist die Verengung des Blickwinkels. Wer nur durch die Brille der Kritischen Theorien auf die Gesellschaft blickt, wird tatsächlich überall strukturellen Rassismus oder gar vorsätzliche Diskriminierung entdecken. Eine andere Erklärung für Ungleichheit ist gar nicht möglich.

In dem Maß, wie sich im identitätspolitisch-woken Denken der Blickwinkel verengt hat und alles nur noch als Diskriminierung interpretiert wird, hat sich die Sensibilität gegenüber dem Unrecht verfeinert. Eine gewachsene Sensibilität gegen Unrecht ist zunächst kein Manko, solange sie objektiv erkennbares Unrecht wahrnimmt.

Bislang gab es objektiv wahrnehmbare Merkmale der Diskriminierung. Menschen wurden diskriminiert, weil sie zu einer bestimmten Gruppe gehörten, die sie sich nicht selbst gewählt hatten. Ein Leben in Sklaverei, die Hautfarbe, das Geschlecht oder sexuelle Neigung suchen sich Menschen nicht aus. Sklaven hatten kein Selbstverfügungsrecht, Schwarzen in den USA wurde das Wahlrecht und der gleichberechtigte Zugang zur Bildung vorenthalten. Frauen hatten kein Wahlrecht. Homosexuelle hatten lange kein Recht, ihre Sexualität zu leben, und dann kein Recht, eine Familie zu gründen. All diesen Personengruppen wurden Rechte vorenthalten, die andere hatten.

Im identitätspolitischen Kampf gegen Diskriminierung sind es jetzt deutlich subjektivere Kriterien, die definieren, ob eine Form der Diskriminierung vorliegt. Schon wer sich verletzt fühlt, wird diskriminiert. Das Gefühl ist der Beweis. Das Problem ist nur, Gefühle sind schwer verallgemeinerbar. Dazu kommt, dass der Kampf gegen Unrecht heute in Staaten stattfindet, die Diskriminierung selbst sanktionieren. Der moderne Rechtsstaat und die offene Gesellschaft behandeln formal-rechtlich gesehen ihre Mitglieder mehr oder weniger gleichwertig und sichern Minderheiten Schutzrechte zu.

Wenn wir der Frage nachgehen, was der Grund dieser wachsenden Sensibilisierung ist, lautet die Antwort, so absurd sie auf den ersten Blick erscheinen mag: Sie ist das Resultat eines erfolgreichen Kampfes gegen Ungerechtigkeit. Feinheiten können wir nur wahrnehmen, wenn schon vieles geregelt und geordnet ist.

Ein Problem der kontinuierlichen Verfeinerung von Kriterien besteht darin, dass sie nie zu einem Ende kommen wird. Schon Alexis de Tocqueville wies im Jahr 1835 in seinem Werk *Über die Demokratie in Amerika* auf diese interessante Dynamik hin: Die Beseitigung von Unrecht schärft das Bewusstsein für bestehende Ungerechtigkeiten, anstatt zu einer Beruhigung der Situation beizutragen. Die Verfeinerung des Sensoriums führt dazu, dass immer mehr Phänomene als problematisch gelten. Geringfügige Vergehen werden nun wie schwerwiegende Verstöße behandelt. Fragen zur Herkunft können als rassistisch betrachtet werden, die Feststellung von zwei biologischen Geschlechtern als transphob und ein schlechter Blondinenwitz als sexistisch.

Das Phänomen der Verfeinerung ist allerdings kein Alleinstellungsmerkmal des progressiven Milieus. Auch Rechte arbeiten damit, insbesondere im Bereich der Sexualität. Anders als die Progressiven, für die z. B. ein anzüglicher Witz die Form des sexuellen Fehlverhaltens erfüllt, sind es für Konservative inzwischen immer kleinere von der heterosexuellen Norm abweichende Verhaltensweisen, wie Philipp Hübl in seinem Buch *Moralspektakel* bemerkt.

Die Tendenz, die Kriterien für das, was als diskriminierend gilt, immer weiter zu verfeinern, lässt sich besonders in den Sozialen Medien beobachten. Dort führt nahezu alles, was von woken Aktivisten als diskriminierend bewertet wird, zu regelrechten Shitstorms oder Rücktrittsforderungen. Es ist wichtig, auf stilistisch misslungene, unglücklich formulierte oder nicht durchdachte Äußerungen hinzuweisen, aber das ist etwas anderes, als jemanden anzuprangern oder seine berufliche Existenz zu bedrohen, insbesondere, wenn gar kein echtes Vergehen vorliegt – wie z. B. im Fall von David Shor.

Shor, der u. a. für Obamas Wahlkampfteam als Datenanalyst gearbeitet hatte, wurde 2020 von seiner Firma entlassen, nachdem er während der Proteste gegen die Tötung von George Floyd auf Twitter eine Studie geteilt hatte, die darauf verwies, dass gewaltsame Proteste negative Auswirkungen auf die Unterstützung für progressive politische Kandidaten haben können. Man legte ihm diesen Post als Kritik an der Black-Lives-Matter-Bewegung aus, was aber nicht Shors Intention war.

Die schleichende Ausweitung der Konzepte

Es ist aber nicht nur so, dass Aktivisten heute genauer hinsehen oder auf ein bestimmtes Phänomen besonders achten würden, sondern es werden Phänomene unter einen Begriff gebracht, die vor einiger Zeit noch nicht daruntergefallen wären. Bezeichnete ein Trauma eine extrem belastende und überfordernde Situation, bei der die körperliche Unversehrtheit oder das Leben durch Gewalttaten, Kriege, Naturkatastrophen bedroht wurde, kann heute nahezu alles, was eine Person als psychisch belastend empfindet, als traumatisierend bezeichnet werden.

Der australische Psychologe Nick Haslam zeigte anhand von sechs Begriffen aus dem Bereich der Psychologie, dass sich ihr Bedeutungsfeld erheblich erweitert hat. Vieles, was heute als Trauma, Missbrauch, Vorurteil, Mobbing, psychische Störung oder Sucht bezeichnet wird, wäre vor nicht allzu langer Zeit noch nicht unter diese Kategorien gefallen.

Eine solche Begriffserweiterung erfuhr auch der Begriff der Aggression. Im engen Wortsinn ist Aggression ein vorsätzlich schädigendes Verhalten gegen jemanden oder etwas oder ein Verhalten, das dazu dient, einen anderen herabzusetzen. Mittlerweile geht es im identitätspolitischen Kampf gegen Aggressionen vorwiegend um sogenannte Mikroaggressionen. Dazu zählen auch Verhaltensweisen, die nicht beabsichtigt sind. Das kann z. B. schon der Blick einer Person sein, durch den sich jemand herabgewürdigt fühlt. Nicht die Absicht des „Mikroaggressors" ist entscheidend, sondern die Empfindung der betroffenen Person.

Mit der Ausdehnung moralischer Konzepte ist noch ein anderes Phänomen verbunden: die Forderung nach Akzeptanz, statt nur nach Toleranz. Es reicht nicht mehr, dass Menschen andere Lebensvollzüge nur tolerieren. Toleranz bedeutet zunächst, etwas zu dulden, was man der eigenen Überzeugung gegenüber nicht für gleichwertig hält. Man toleriert das Verhalten oder die Überzeugung aber trotzdem, weil es mindestens einen überzeugenden Grund gibt, es zu tun. Für das persönliche Miteinander ist die Akzeptanz, die sich durch Wertschätzung einer anderen Lebensform oder Meinung auszeichnet, sicherlich erstrebenswerter und ein Mehrwert. Aber wir können niemanden zur Wertschätzung zwingen.

Wer nicht öffentlich bekennt, Queerness gut zu finden, handelt sich schnell den Vorwurf ein, homophob usw. zu sein. Auch wenn es gut und wichtig ist, dass sich Heterosexuelle für queere Menschen engagieren und diese Lebensform als normal betrachten, reicht es für das gesellschaftliche Zusammenleben, wenn queere Menschen toleriert werden, weil Heterosexuelle z. B. glauben, jeder solle nach seiner Façon selig werden.

Wie Mehrdeutigkeit der Lebensqualität zuträglich ist

Wozu wir uns selbst verpflichten könnten, wäre die Bereitschaft, Uneindeutiges oder Mehrdeutiges im Zwischenmenschlichen auszuhalten und nicht in jeder Mehrdeutigkeit sofort die negativste Variante für die wahrscheinlichste zu halten. Diese Bereitschaft schwindet jedoch deutlich, je stärker moralische Konzepte ausgeweitet werden.

Untersuchungen haben gezeigt, dass Menschen, die sich als „woke" bezeichnen, in solchen Situationen eher eine negative Intention unterstellen, weil sie Mehrdeutiges eindeutig (eben negativ) interpretieren. Ihr Interpretationsmuster wird dabei von negativen Vorannahmen geprägt. Wer in seinem Gegenüber die personifizierte Rücksichtslosigkeit und Unsensibilität sieht, wird zwangsläufig in jeder Äußerung oder Handlung des anderen einen Hinweis oder Beleg für die Richtigkeit der eigenen Annahme finden. Im Internet können wir diese Dynamik gut verfolgen.

Für das gesellschaftliche Miteinander ist dieses Interpretationsmuster herausfordernd, weil es Misstrauen kultiviert. Menschliches Zusammenleben in großen Gruppen, die sich nicht kennen – das betrifft jede moderne Gesellschaft –, funktioniert aber nur, weil wir anderen einen Vertrauensvorschuss entgegenbringen. Im Miteinander gehen Menschen, so sie keine anderen Informationen haben, normalerweise zunächst davon aus, dass das Gegenüber keine unlauteren Absichten hat.

Das Kultivieren von Misstrauen ist nicht nur für das gesellschaftliche Miteinander problematisch. Wer überall Diskriminierung wittert und alles als Angriff interpretiert, weil man anderen die schlechteste Absicht unterstellt, tut sich selbst keinen Gefallen. Die ständige Fokussierung auf das Negative belastet unsere Psyche. Die Welt wird als feindlicher Lebensraum wahrgenommen, in dem man sich schützen muss. Wenn wir uns bedroht fühlen, führt dies zu Stress. Langanhaltender Stress beeinflusst unsere Lebensqualität nachhaltig negativ. Die Wahrscheinlichkeit für Depressionen und Angstzustände wächst. Wir sind häufiger niedergeschlagen. Wir zahlen einen hohen Preis dafür, in jeder Handlung und Äußerung anderer Menschen vorsätzliche Diskriminierung und Unsensibilität zu erblicken. Der Psychologe Varnan Chandreswaran hat dieses Phänomen in seinem Buch *Gefangen in der Opferrolle* ausführlich beleuchtet.

Fürsorge versus Loyalität: Für wen schlägt Dein Herz?

Dass vor allem progressive Menschen zu einer stärkeren Sensibilisierung neigen, hat damit zu tun, dass sie etwas anderes als ungerecht bewerten als Konservative. Konservative empfinden die Verletzung traditioneller gesellschaftlicher Normen sowie die Verletzung der sozialen Ordnung als Unrecht. Für Progressive stellt hingegen Diskriminierung das größte Unrecht dar. Sie haben eine sehr hohe Sensitivität, die auf jede Form der Nicht-Gleichbehandlung reagiert.

Der US-amerikanische Psychologe Jonathan Haidt konnte nachweisen, dass Konservative die sechs grundlegenden moralischen Werte – Fürsorge, Fairness, Freiheit, Loyalität, Autorität und Reinheit – für gleich wichtig halten, während progressive Menschen einen starken Fokus auf Fürsorge und Fairness legen. Sie können mit Reinheit und Loyalität in der Regel weniger anfangen. Das Bedürfnis nach geistiger bzw. moralischer Reinheit (*sanctity*) ist nach Haidt evolutionär aus dem Gefühl von Ekel entstanden. Ekel diente ursprünglich dazu, uns vor körperlichen Gefahren wie verdorbenem Essen oder Krankheiten zu schützen. Später wurde dieser Mechanismus auf soziale und moralische Ideen übertragen. Menschen, für die Reinheit wichtig ist, tendieren dazu, strenge soziale Normen zu unterstützen, um die Gemeinschaft vor dem zu bewahren, was sie als moralischen Verfall bewerten. Ein verunreinigendes Potenzial wird vor allem Dingen zugeschrieben, die mit Sexualität verbunden sind, wie Abtreibung, Prostitution oder Homosexualität. In gewissen Formen lässt sich der Reinheitswunsch aber auch im progressiven Lager antreffen. Abscheu erzeugen hier jedoch eher gentechnisch veränderte Nahrung, Umweltverschmutzung oder Impfungen, weil sie die Reinheit der Natur bzw. all dessen verletzen, was als natürlich gilt.

Dass Progressive ein hohes Sensorium für die Themen Fürsorge und Fairness mitbringen, hat nach Haidt auch mit einer (über)behütenden Erziehung zu tun, die primär im linksliberalen Milieu stattfindet. Diese kann dazu führen, dass vor allem die jüngere Generation der Progressiven sehr sensitiv auf vieles reagiert. Diese Hypersensitivität ist aus psychologischer Perspektive aber nicht erstrebenswert. Mit ihr ist oftmals eine geringere Lebenszufriedenheit verbunden, da mehr Dinge als bedrohlich wahrgenommen werden.

Neben der stärkeren Betonung von Fürsorge und einer überbehütenden Erziehung befeuert das Streben nach Anerkennung die zunehmende Sensibilisierung. Nachdem es gesellschaftlich positiv honoriert wird, wenn Menschen sich als moralische Wesen zeigen, ist es fast naheliegend, dass ein gewisser Überbietungswettbewerb im Moralischsein einsetzt. Wenn sich alle gleichermaßen moralisch verhalten, ist dieses Verhalten irgendwann nichts Besonderes mehr, sondern die neue Norm. Für die Einhaltung einer Norm erfährt man jedoch keine Anerkennung. Um wieder Anerkennung zu bekommen, empfiehlt es sich, sich als besonders moralisch zu präsentieren. Dies gelingt nur, wenn Dinge, die bis dato unproblematisch waren, problematisiert werden. Damit kann man sein eigenes geschärftes moralisches Bewusstsein zeigen. Da andere ein ähnliches Spiel spielen, nimmt die Sensibilisierungsspirale immer schneller Fahrt auf. Besonders gut funktioniert dies mit Wörtern und Begriffen, die als problematisch gelten und deswegen nicht mehr gesagt werden dürfen. Dazu mehr unten.

Das Ideal der egalitären Gesellschaft

Das Ziel des identitätspolitisch motivierten Kampfes gegen Diskriminierung ist die egalitäre, sprich gleiche Gesellschaft, in der so etwas wie Ergebnisgleichheit herrscht. Alle Gruppen sollen gleich viel haben. Um die gesellschaftliche Sprengkraft dieser Idee zu verstehen, ist es notwendig, einige Gleichheitskonzeptionen zu beleuchten.

Das Konzept „Gleichheit" sagt nämlich noch nichts darüber aus, wer oder was gleich sein soll. Der griechische

Philosoph Aristoteles unterschied zwei Gerechtigkeitsvorstellungen: die sogenannte Tauschgerechtigkeit bzw. ausgleichende Gerechtigkeit, deren Prinzip lautet: „Gleiches soll gleich behandelt werden" sowie die Verteilungsgerechtigkeit, deren Prinzip lautet: „Jedem das Seine".

Was oder wer gleich behandelt werden sollen, bestimmen jedoch Gesellschaften entsprechend ihren Werten. Wenn eine Gesellschaft davon überzeugt ist, dass Männer und Frauen nicht gleichwertig sind, müssen diese hinsichtlich von Rechten und Pflichten nicht gleich behandelt werden. Sind Gesellschaften hingegen davon überzeugt, dass Männer und Frauen gleichwertig sind, müssen sie gleich behandelt werden. Der Gleichheitsgrundsatz an sich definiert noch nicht den Inhalt. Er sagt nur, dass wir nicht willkürlich, sondern anhand von bestimmten Kriterien entscheiden müssen, wen wir gleich behandeln. In modernen Gesellschaften hat sich der Gedanke etabliert, dass alle Mitglieder unabhängig von Geschlecht, Hautfarbe, sexueller Identität gleich behandelt werden sollen.

Da es in modernen Gesellschaften aber immer noch große ökonomische Unterschiede zwischen den Menschen gibt, die z. T. mit historischen Marginalisierungserfahrungen verbunden sind, steht die Frage im Raum, ob man angesichts dieser Unterschiede von gerechten Gesellschaften sprechen kann. Bei der Beantwortung dieser Frage gehen die Meinungen zwischen Progressiven und Konservativen weit auseinander.

Während Konservative und Libertäre meist davon überzeugt sind, dass der Gerechtigkeit Genüge getan ist, wenn der Staat für gleiche Spielregeln für alle sorgt, der Staat also niemanden diskriminiert, vertreten Progressive die Überzeugung, dass alle die gleichen Chancen haben müssen. Um die unterschiedlichen Ausgangssituationen von Menschen auszugleichen, bedarf es aus ihrer Sicht zahlreicher staatlicher Interventionen für diejenigen, die eine besondere Förderung benötigen. Diese Interventionen können gesellschaftlicher Art sein, indem z. B. ein Betreuungssystem für Kinder angeboten wird, oder individueller Natur wie z. B. beim BAföG, das als Finanzierungszuschuss für weiterführende Bildung gezahlt wird.

Von der Chancengerechtigkeit zur Gruppengerechtigkeit

Aktivisten aus dem identitätspolitischen Milieu stellen ihrerseits nun die progressive Überzeugung infrage, wonach Chancengerechtigkeit die Grundlage für eine gerechte Gesellschaft bildet. Sie argumentieren, dass diese nicht ausreicht. Die Hindernisse, mit denen Menschen aus benachteiligten Gruppen zu kämpfen haben, lassen sich durch individuelle Chancengerechtigkeit allein nicht beseitigen.

Sie fordern ein neues Gerechtigkeitsmodell: die sogenannte ethnische Gruppengerechtigkeit (*race equity*). Die heißt so, weil sie die jeweilige Gruppe durch die gemeinsame ethnische Herkunft oder Abstammung definiert. *Race equity* möchte die Situation von marginalisierten ethnischen Gruppen verbessern, während bei der Chancengerechtigkeit das benachteiligte Individuum im Zentrum steht. Die Befürworter von *race equity* begründen ihre Neuausrichtung damit, dass nur so diskriminierende Strukturen, mit denen alle Gruppenmitglieder zu kämpfen haben, beseitigt bzw. ausgeglichen werden können. Gerecht ist eine Gesellschaft nach dem Konzept der *race equity*, wenn alle Menschen, die die Merkmale einer benachteiligten Gruppe aufweisen, eine besondere Förderung erhalten. Eine Methode zur Förderung benachteiligter Gruppen ist die sogenannte positive Diskriminierung.

Was auf den ersten Blick überzeugend klingt, weil benachteiligte Gruppen stärker in den Fokus geraten und gefördert werden, hat in der Praxis gewisse Tücken. Die Förderung erhalten nämlich nun wiederum alle Mitglieder dieser Gruppen, unabhängig davon, ob sie diese individuell benötigen. Entscheidend ist, dass sie zu einer benachteiligten Gruppe zählen, die primär durch Merkmale wie Ethnie oder Herkunft gekennzeichnet ist. Teilweise werden auch andere Formen von Benachteiligung wie Geschlecht oder Behinderung mitberücksichtigt.

Ich möchte die Idee der gruppenspezifischen Gerechtigkeitskonzeption nun an zwei Beispielen verdeutlichen, die Yascha Mounk in seinem Buch *Im Zeitalter der Identität* anführt. Beim zweiten Beispiel wird deutlich, wo es zu Problemen kommen kann. Doch zunächst der erste Fall. Eine Schulbehörde muss über die Vergabe von Fördermitteln entscheiden. Sie kann diese auf zwei Weisen verteilen. Entweder bekommen alle Schulen etwas oder nur Schulen, die in Problemvierteln liegen, in denen viele Kinder aus sozial benachteiligten Verhältnissen stammen und schulische Probleme haben. Würden die Fördergelder auch an Schulen gezahlt, deren Schüler aufgrund ihres soziokulturellen Hintergrundes keine oder nur geringe schulische Probleme haben, wäre dies ungerecht.

Doch wäre es auch gerecht, während einer Pandemie einen Impfstoff zuerst an eine Gruppe zu verteilen, die zwar weniger gefährdet, dafür ethnisch heterogener ist als die besonders gefährdete Gruppe? In Amerika empfahl das „Advisory Committee on Immunization Practices" während der Corona-Pandemie, den Impfstoff nicht zuerst an Senioren zu verteilen, sondern zuerst an sogenanntes Schlüsselpersonal. – Dass medizinisches Personal priorisiert wird, ist verständlich, aber als Schlüsselpersonal galten auch Pizzalieferdienste und Filmcrews. – Man empfahl diese Priorisierung, obwohl man wusste, dass die Zahl der Toten dadurch steigen würde. Doch was führte zu dieser Priorisierung, die aufgrund von massiver Kritik letztlich nicht umgesetzt wurde? In der besonders vulnerablen Gruppe der Senioren war die ethnische Vielfalt geringer. In ihr dominierten Weiße. Untersuchungen in den Jahren vor der Pandemie hatten gezeigt, dass insbesondere Schwarze im Gesundheitssystem erheblich benachteiligt werden. Um diese Benachteiligung in Zukunft aufzuheben, forderten Aktivisten, dass ethnische Kriterien stärker berücksichtigt werden müssten. In Dringlichkeitsfällen, in denen knappe Ressourcen verteilt werden, sollten nicht mehr nur medizinische Faktoren eine Rolle spielen, sondern auch ethnische. Diese Erkenntnisse beeinflussten die Entscheidung der amerikanischen Impfkommission.

Eine weitere Schwachstelle der Idee der Gruppengerechtigkeit besteht darin, dass die Überzeugung dominiert, Gerechtigkeit sei ein Nullsummenspiel. Demnach müssen alle, denen es besser geht, zurückstecken. Aus Sicht der *race-equity*-Vertreter sind die bisherigen besseren Lebensbedingungen der Mehrheit durch mehr oder weniger ungerechtfertigte Privilegien erworben worden. Erst wenn diese aufgegeben werden, haben marginalisierte Gruppen die Möglichkeit, ihren sozialen Status zu verbessern. Doch was progressive Gruppen als Privilegien bezeichnen, sehen die vermeintlich Privilegierten oft anders. Ob etwas als unverdientes Privileg oder erarbeitetes Recht bezeichnet wird, hängt von bestimmten Überzeugungen ab.

Anhänger von Theorien wie Robin de Angelos „strukturellem Rassismus" werden tendenziell alle weißen Menschen für privilegiert halten. Eine weiße Supermarktverkäuferin gilt z. B. allein aufgrund ihrer Hautfarbe als privilegiert, weil sie nie mit den Erfahrungen von rassenbedingter Diskriminierung konfrontiert wird, was auch stimmt. Dennoch wird sie sich selbst vermutlich nicht als privilegiert wahrnehmen. Sie wird eher ihr geringes Einkommen, mit dem sie eine teure Miete bezahlen muss, zur Grundlage der Bewertung machen und weniger ihre Hautfarbe.

Exkurs: Wieso die gleiche Gesellschaft eine Illusion ist: Von der Sozialpsychologie lernen

Wenn wir über Ungleichheit und Diskriminierung sprechen und nach Wegen suchen, diese zu beseitigen, sollten wir einige sozialpsychologische Erkenntnisse berücksichtigen. Diese helfen uns zu verstehen, warum wir trotz guter Absichten dazu neigen, unsere eigene Gruppe zu bevorzugen. Gruppenbevorteilung oder -benachteiligung basiert nicht nur auf bewussten Überzeugungen, sondern steckt tiefer in uns allen. Je bewusster wir uns dieser Mechanismen sind, desto eher können wir unser Verhalten ändern, wenn es notwendig ist.

Gruppenspezifisches Verhalten ist Teil unseres evolutionären Erbes. In vertrauten Gruppen fand die notwendige Kooperation zum Überleben statt, während fremde Gruppen eher auf Distanz gehalten wurden, da sie zunächst Unsicherheit und Gefahr bedeuteten. Die Sozialpsychologie zeigt, dass alle Menschen Mitglieder ihrer eigenen Gruppe bevorzugen. Diese sogenannte In-Group-Favorisierung ist ein globales Phänomen und nicht auf die weiße Mehrheitsgesellschaft beschränkt. Studien mit dem sogenannten „Implicit Association Test" belegen, dass Menschen unbewusste Vorurteile zugunsten ihrer eigenen Gruppe haben. Diese Tests messen die Reaktionszeit bei der Kategorisierung von Wörtern oder Bildern, die mit der eigenen oder einer fremden Gruppe verbunden sind. Sie zeigen eine schnellere und positivere Assoziation mit der eigenen Gruppe.

1970 führte Henri Tajfel Experimente durch, bei denen Menschen zufällig in Gruppen eingeteilt wurden. Die Einteilung erfolgte aufgrund trivialer Kriterien wie z. B. der Vorliebe für bestimmte Kunstwerke. Bei Kindern und Jugendlichen erzeugte man die Gruppenbildung, indem man sie in zwei Gruppen aufteilte, die sich nur durch die T-Shirt-Farben unterschieden. Bereits diese minimalen Gemeinsamkeiten reichten aus, um die eigene Gruppe gegenüber der Fremdgruppe zu bevorzugen. Diese Theorie ist als „Minimales Gruppenparadigma" bekannt. Menschen beziehen einen Teil ihres Selbstwertes aus der Zugehörigkeit zu einer Gruppe. Deshalb bewerten sie ihre eigene Gruppe positiver, was ihren Selbstwert steigert, während sie die andere Gruppe abwerten, um den eigenen Selbstwert weiter zu erhöhen.

Gruppenbildung ist eine anthropologische Konstante. Erfreulicherweise sind die Kriterien für die Gruppenbildung variabel. Die Bildung von Nationalstaaten beispielsweise gelang nur, weil neue Kriterien für die Gruppenzugehörigkeit festgelegt wurden. Menschen, die sich nicht kannten, identifizierten sich nun aufgrund ihrer gemeinsamen Sprache und Kultur oder Religion als Gruppe.

Um gruppenspezifische Diskriminierungen zu reduzieren, müssen wir dafür sorgen, dass die Merkmale an Bedeutung verlieren, die eine Gruppe als fremd erscheinen lassen. Dies gelingt durch Kontakt zwischen den Gruppen. Je mehr Kontakt sie haben und je vertrauter sie werden, desto mehr reduzieren sich ihre Vorurteile. Viele Maßnahmen des woken Aktivismus, die Vorurteile reduzieren sollen, bewirken jedoch genau das Gegenteil, da sie Gruppenidentitäten fördern, indem sie Gruppen voneinander trennen. Dies führt eher zu einer Verschärfung von Ressentiments als zu ihrer Beseitigung.

Allerdings müssen einige Voraussetzungen erfüllt sein, damit das Miteinander von Menschen, die unterschiedlichen Gruppen angehören, zu einem besseren Verständnis untereinander führt. Yascha Mounk nennt unter Verweis auf Gordon Allports Studie *Die Natur des Vorurteils* vier solcher Kriterien: Die Mitglieder verschiedener Gruppen sollten den gleichen Status haben oder in ähnlichen Funktionen arbeiten, gemeinsame Ziele verfolgen, aktiv kooperieren und positive Unterstützung durch eine übergeordnete Instanz erhalten.

Diskriminierung im Fokus: Vorurteil oder Statistik?

Wenn wir über Diskriminierung sprechen, müssen wir einen entscheidenden Unterschied beachten, den Varnan Chandreswaran in seinem Buch *Gefangen in der Opferrolle* betont. Dieser Unterschied ist für Betroffene im konkreten Fall nicht hilfreich, aber für den Umgang mit dem Problem wichtig. Es geht darum, ob es sich um eine sogenannte präferenzbasierte oder statistische Diskriminierung handelt.

Präferenzbasierte Diskriminierung bedeutet, jemanden aufgrund seines Andersseins für minderwertig zu halten. Für einen weißen Rassisten sind alle Schwarzen Menschen zweiter Klasse. Hinter der präferenzbasierten Diskriminierung steht eine rassistische oder anderweitig gruppenfeindliche Haltung.

Statistische Diskriminierung hingegen basiert auf Verallgemeinerungen. Menschen übertragen ihr statistisches Wissen über eine Gruppe auf ein Individuum dieser Gruppe, weil ihnen keine anderen Informationen vorliegen. Die Benachteiligung gründet in statistischen Informationen über die Gruppe wie Bildungsstand, ökonomische Situation, kultureller Hintergrund usw. Dieses Wissen beeinflusst das Urteil über jemanden, der durch äußere Merkmale als Mitglied dieser Gruppe erkennbar ist. Die betreffende Person wird mit allen Eigenschaften der Gruppe in Verbindung gebracht, selbst wenn diese nicht auf die konkrete Person zutreffen. Das wird als Diskriminierung und Kränkung erlebt, was es auch ist. Der Grund ist jedoch nicht eine rassistische Gesinnung, wie bei der präferenzbasierten Diskriminierung, sondern eine Verallgemeinerung von Eigenschaften, die mit einer Gruppe assoziiert werden: Es handelt sich um sogenannte Stereotype.

Stereotype sind aber nicht einfach Vorurteile, sondern dahinter stehen statistische Generalisierungen. Sie werden zum Vorurteil, wenn man sie individualisiert: „Weil Du eine Frau bist, verstehst Du nichts von Technik." Es kann aber sehr gut sein, dass die so adressierte Frau Ingenieurin oder technikinteressiert ist und viel von Technik versteht. Statistisch gesehen beschäftigen sich Frauen allerdings weniger mit Technik als Männer, was dazu führt, dass sie, im Durchschnitt betrachtet, davon weniger Ahnung haben. Ahnung haben wir normalerweise von den Dingen, mit denen wir uns beschäftigen.

Doch wieso verallgemeinern wir überhaupt und schauen nicht erst, was der Mensch, mit dem wir zu tun haben, kann oder wie er denkt? Verallgemeinerungen passieren aus

Effizienzgründen. Unser Gehirn ist faul, es mag nicht für jede Situation neue handlungsrelevante Informationen sammeln. Deshalb greift es gerne auf Vorerfahrungen oder Vorwissen zurück. Dazu zählen auch Stereotype. Diese müssen nicht immer negativ sein. Es gibt auch positive Stereotype, an denen sich in der Regel weniger Menschen stören.

Identitätspolitische Aktivisten verweisen aber auch in diesen Fällen auf die negativen Seiten von Stereotypen. Sie empfinden z. B. die Zuschreibung, dass Asiaten fleißig und höflich sind – Fleiß und Höflichkeit wird in westlichen Gesellschaften normalerweise positiv bewertet –, als Diskriminierung. Ein asiatischstämmiger Mensch könnte sich aufgrund dieser Zuschreibungen gezwungen fühlen, immer fleißig und höflich zu sein, um den Erwartungen gerecht zu werden. Die Zuschreibungen werden den verschiedenen Fähigkeiten der Person nicht gerecht, da Aussagen über eine Gruppe auf einen Einzelnen übertragen werden.

Vermutlich leiden mehr Menschen unter negativen Stereotypen. Wer zu einer Gruppe gehört, mit der statistisch gesehen mehr negativ bewertete Faktoren verbunden sind, erlebt dies als individuelle Benachteiligung. Flüchtlinge aus Afrika und dem Nahen Osten, die in den letzten Jahren nach Deutschland gekommen sind, sind im Durchschnitt schlechter qualifiziert als die Menschen, die in Deutschland geboren sind. Das schließt jedoch nicht aus, dass es in dieser Gruppe gut ausgebildete Menschen gibt. Das Wissen über den statistisch gesehen niedrigeren Bildungsstand führt zur Verallgemeinerung, dass alle Menschen, die äußerlich erkennbar zu diesen Gruppen gehören, eher schlecht qualifiziert, bildungsfern und ökonomisch schlechter gestellt sind. Diese Zuschreibungen sind z. B. bei der Wohnungssuche in Zeiten, in denen Wohnungen auf dem freien Markt heiß umkämpft sind, eine schlechte Voraussetzung.

Untersuchungen zeigten: Erhalten Vermieter weitere Informationen, z. B. über den Bildungsgrad, steigen die Chancen der Betroffenen, wie Varnan Chandreswaran betont. Die unbewusste Verallgemeinerung lautet: Akademiker sind ökonomisch gut situiert und benehmen sich anständig. Für einen Vermieter sind das zwei Eigenschaften, die wenig Stress versprechen. Die Miete wird pünktlich bezahlt und die Wohnung pfleglich behandelt. Wer solche Informationen aber nicht beibringen kann, wird schlechter behandelt als bildungsferne Deutsche.

Das zeigt wieder, dass die sozio-ökonomische Dimension bei Benachteiligungen eine große Rolle spielt. Diese lässt sich jedoch durch Antirassismus-Workshops und moralische Appelle kaum beseitigen. In Deutschland wie auch in vielen anderen Ländern hängt der ökonomische Erfolg oder Misserfolg nicht primär vom Migrationshintergrund ab. Entscheidend sind vielmehr der soziale Status und das Bildungsniveau der Herkunftsfamilie sowie das eigene Bildungsniveau. Da aber viele Migranten in Deutschland, insbesondere diejenigen aus Afrika und den Ländern des Nahen Ostens, einen niedrigeren Bildungsstand haben, sind sie überproportional häufig ökonomisch am unteren Ende der Skala angesiedelt.

Kinder aus armen Familien kämpfen von Anfang an mit zahlreichen Hindernissen. Ihre Eltern sind oft schlecht ausgebildet und bevorzugen eher einen autoritäreren Erziehungsstil.

Die prekäre Lebenssituation erzeugt zusätzlichen Stress. Diese Faktoren beeinträchtigen das Selbstwertgefühl der Kinder, da sie weniger Erfolgserlebnisse haben, die positiv verstärkt werden. Zudem fehlen ihnen oft wichtige Sozialkompetenzen, die im späteren Berufsleben von Vorteil wären. Denn aus finanziellen Gründen können diese Kinder an vielen sozialen Ereignissen nicht teilnehmen. Arme Familien leben meist in weniger guten Wohngebieten und die Kinder besuchen Schulen, in denen viele Mitschüler ähnliche Probleme haben. Positive Vorbilder für den sozialen Aufstieg durch Bildung fehlen oft im direkten Umfeld. Die Eltern sind meist nicht in der Lage, ihre Kinder bildungstechnisch zu unterstützen, was den schulischen Erfolg weiter erschwert.

Diese Herausforderungen betreffen alle armen Kinder, unabhängig von ihrer ethnischen Zugehörigkeit. In Deutschland beginnen fast 80 Prozent aller Akademikerkinder ein Studium. Bei Kindern, deren Eltern keine Akademiker sind, sind es nur 23 Prozent. Wer die Lebenssituation von Migranten und ihren Kindern verbessern möchte, sollte dafür sorgen, dass ihnen der Bildungsaufstieg und damit der ökonomische Aufstieg gelingt.

Der Gender-Pay-Gap: Der Beweis für die Diskriminierung von Frauen?

Warum verdienen Frauen immer noch weniger als Männer? Viele vermuten Diskriminierung als Hauptursache. Doch in Deutschland spielen andere Faktoren eine größere Rolle. Der Einkommensunterschied hängt stark von den Berufsfeldern ab, in denen Männer und Frauen arbeiten, sowie von Erziehungszeiten und Teilzeitarbeit. Berücksichtigt man diese Aspekte, schrumpft der Gender-Pay-Gap von 18 auf 6 Prozent.

Frauen wählen oft Berufe, die schlechter bezahlt sind. Sie arbeiten häufig im Gesundheits- und Sozialwesen, in der Erziehung und im Dienstleistungssektor. Zudem arbeiten sie öfter in Teilzeit und übernehmen mehr Carearbeit. Es ist eine gesellschaftliche Aufgabe, sicherzustellen, dass diese wichtigen Tätigkeiten angemessen entlohnt werden, nicht zuletzt um Altersarmut zu vermeiden. Ebenso muss gewährleistet sein, dass Frauen, die wegen unbezahlter Carearbeit ihre Erwerbsarbeit reduzieren, nicht ökonomisch benachteiligt werden.

Fakt ist aber auch: Frauen verdienen heute in der Regel nicht weniger, weil sie für die gleiche Arbeit schlechter bezahlt werden, was lange Zeit tatsächlich der Fall war, sondern weil sie in schlechter bezahlten Berufen arbeiten. Frauen sind im Gesundheits- und Sozialwesen, in der Erziehung und im Dienstleistungssektor aber nicht nur aus sozialisationsbedingten Gründen häufiger anzutreffen. Viele Frauen fühlen sich in diesen Berufen anscheinend wohler. Dafür spricht, dass sie gerade in Staaten mit hoher Gleichheit und hohem Lebensstand wesentlich häufiger frauentypische Berufe wählen. In

Schwellenländern hingegen ergreifen Frauen häufiger naturwissenschaftliche und technische Berufe, um wirtschaftlich aufzusteigen und unabhängig zu werden.

Wer glaubt, dass nur struktureller Rassismus oder das Patriarchat für diese ökonomische Ungleichheit verantwortlich ist, übersieht wichtige sozio-kulturelle Faktoren. Diese haben mittlerweile einen stärkeren Einfluss auf die Ungleichheit als vorsätzliche Diskriminierung. Diversity-Trainings, die jedoch davon ausgehen, dass es sich bei dieser Ungleichheit immer um Formen von vorsätzlicher Diskriminierung handelt, lösen dieses Problem nicht, da sie andere Ursachen nicht im Blick haben.

Doch wieso hinterfragen wir so ungern unsere Vorannahmen und Überzeugungen? Diese bilden zusammen mit anderen Faktoren einen Teil unserer Ich-Identität. Wenn wir diese hinterfragen, stellen wir uns selbst infrage. Aus diesem Grund neigen wir dazu, lieber vor der Realität die Augen zu verschließen. Dazu kommt, dass Diversity- und Antirassismustrainings mittlerweile ein Milliardengeschäft geworden sind, wie Philipp Hübl in seinem Buch *Moralspektakel* zeigt. Der globale Markt für solche Trainings erwirtschaftete 2022 etwa 9,4 Milliarden US-Dollar.

Die Annahme, jede Form der Ungleichheit entspringe einer Diskriminierung durch die Mehrheitsgruppe, bleibt somit unangetastet. So sehr Aktivisten die Situation verbessern möchten: Ihre Methoden bringen nicht die erhofften Verbesserungen, weil sie viele zentrale Ursachen ignorieren bzw. nicht für relevant erachten. Da Aktivisten den Zusammenhang nicht sehen, verstärken sie ihre Anstrengungen, die wiederum nichts bewirken. Das bestätigt sie in ihrer Grundannahme, dass die Privilegierten ihre Privilegien bewahren möchten.

Aus diesem Teufelskreis gibt es kaum ein Entkommen. Die ständige Intensivierung der Bemühungen und die scheinbare Übermacht der reaktionären Kräfte können zu Verzweiflung und Zynismus führen. Die Aktivisten fühlen sich in einem Kampf gefangen, der kaum zu gewinnen ist.

Opferkult(ur)

In vielen gesellschaftlichen Debatten spielt heute die Opferperspektive eine wichtige Rolle. Mit der Stärkung der Opferperspektive fand noch eine zusätzliche Entwicklung statt. Es geht nicht mehr nur darum, dem Opfer Gehör zu verschaffen, sondern das Opfer selbst hat einen moralischen Status erhalten: Es gilt aufgrund seiner Leidenserfahrung als moralisch integer. Damit ist seine Perspektive moralisch allen anderen überlegen.

Diese Parteinahme für die Opfer ist nicht immer unproblematisch. Ich habe bereits auf das Phänomen der Gruppenbevorzugung hingewiesen. Solidarität mit der Opfergruppe durch überstarke Empathie kann zu einer Verengung der Perspektive führen. Wir werden blind für die Sichtweise der anderen Seite und ihre berechtigten Anliegen.

Um Diskriminierung effektiv zu bekämpfen, bedarf es einer ausgewogenen Perspektive, die alle Betroffenen berücksichtigt – und nicht nur die lautesten Stimmen bevorzugt. Der Sozialpsychologe Daniel Sullivan zeigte zusammen mit Kollegen, wie das Phänomen der „wettbewerbsorientierten Opferhaltung" Konflikte verschärfen kann. Wenn eine Gruppe sich als Opfer darstellt, neigen andere Gruppen ebenfalls dazu, ihre Opferrolle zu betonen. Dies führt zu einem Teufelskreis der gegenseitigen Anschuldigungen und Rechtfertigungen. Eine Problemlösung wird dadurch erschwert. Beklagen Frauen z. B. Diskriminierungen durch Männer im Beruf, tendieren männliche Adressaten der Anklage dazu, ihrerseits auf Diskriminierungserfahrungen zu verweisen. Die Besetzung einer Stelle mit einer Frau, auf die man sich selbst bewarb, wird nun als Diskriminierung von Männern bewertet.

Der woke Aktivismus, der die Fokussierung auf die Opferperspektive verstärkt hat, speist sich allerdings nicht nur aus einer höheren moralischen Sensibilität. Die amerikanischen Soziologen Bradley Campbell und Jason Manning gingen in ihrem 2014 erschienenen Artikel *Microaggression and Moral Cultures* der Frage nach, weshalb die Mikroaggressionstheorie gerade im linken Universitätsmilieu so populär wurde. Sie zeigten, dass sich dort eine neue Kulturform etabliert hat, die Opferkultur.

Lange Zeit trachteten Menschen danach, gerade nicht als Opfer wahrgenommen zu werden. Vielmehr ging es nach Campbell und Manning um das Bewahren des eigenen Ansehens, das vom Respekt abhing, den die eigene Gruppe genoss. Eine Verletzung der Ehre erforderte eine unmittelbare

Reaktion. Gewalt galt dazu als legitimes Mittel, die der Betroffene direkt gegen den Verursacher zur Anwendung brachte. Mit der Moderne trat jedoch ein neuer Wert auf den Plan: die menschliche Würde. Im Gegensatz zur Ehre ist sie nicht von der äußeren Anerkennung abhängig. Mit ihr sind individuelle Rechte und Freiheiten verbunden. Geschützt werden diese durch den Staat, der als Dritter für die Sanktionierung bei Missachtung zuständig ist.

Aus dieser modernen Würdekultur ist nach Campbell und Manning die sogenannte Opferkultur erwachsen, die sowohl von der Ehren- als auch von der Würdenkultur Elemente aufgegriffen hat. Wie in Ehrenkulturen spielt Verletzung eine wichtige Rolle. Allerdings ist der Fokus nun auf das Opfer und die Anerkennung von dessen Leiden und der erfahrenen Ungerechtigkeit gerichtet. Die Forderung nach Gerechtigkeit und Wiedergutmachung spielen nach Campbell und Jason dabei eine zentrale Rolle. Man wendet sich dafür aber, anders als in Ehrenkulturen, nicht an die andere Konfliktpartei, sondern an Dritte. Dieser Dritte ist nicht mehr unbedingt der Staat, sondern meist die Öffentlichkeit, die über Soziale Medien adressierbar ist.

Die Verknüpfung der Fokussierung auf das Opfer mit der Möglichkeit, dessen Leiden öffentlich zu machen und den Verursacher öffentlich anzuklagen, beflügelte eine eigene Dynamik, die dem Anliegen, eine gerechtere Gesellschaft zu schaffen, nicht immer dient. Dies hat u. a. damit zu tun, dass von dieser Konstellation ein bestimmtes psychologisches Persönlichkeitsprofil besonders profitiert.

Psychologische Aspekte des Opferstatus

Menschen mit einer narzisstischen Persönlichkeit sind sehr anfällig für negative Emotionen wie Ärger, Schuldgefühle und Angst. Varnan Chandreswaran verweist darauf, dass besonders sogenannte vulnerable Narzissten, die auf den ersten Blick nicht dem Bild des großmäuligen, scheinbar vor Selbstbewusstsein strotzenden Narzissten entsprechen, nicht nur extrem verletzlich, sondern oftmals hypersensibel sind. Mit Kritik und Misserfolgen können sie nur sehr schlecht umgehen. Ihre Ambiguitätstoleranz ist extrem schwach ausgeprägt, d. h. sie halten Mehrdeutigkeiten in sozialen Interaktionen nicht aus. Stattdessen sind sie auf die vermeintlich negative Absicht des Gegenübers fokussiert. Es gelingt ihnen nicht, eine andere Interpretation zuzulassen. Dies führt dazu, dass sie z. B. Mikroaggressionen besonders stark wahrnehmen.

Der Psychologe Scott O. Lilienfeld verwies darauf, dass es einer der großen Schwachpunkte der Mikroaggressionstheorie sei, dass das Persönlichkeitsprofil der Menschen, die sich von Mikroaggressionen verletzt fühlten, nicht berücksichtigt werde, obwohl es Hinweise gebe, dass ein hoher Neurotizismuswert eine Rolle spielen könnte. Der Neurotizismuswert misst die emotionale Stabilität eines Menschen. Kämpft eine Person mit Ängsten, ist sie leicht erregbar, reagiert sie sensibel auf Stress, ist sie chronisch unzufrieden, deutet dies auf einen hohen Wert hin.

Vulnerable Narzissten leiden unter einem weiteren Manko. Sie können sich kaum in andere Personen hineinversetzen. Ihr verletzliches Selbst ist so damit beschäftigt, sich selbst zu schützen, dass für das Leid anderer kein Raum bleibt. Für sie ist geteiltes Leid gerade nicht halbes Leid, denn geteiltes Leid bedeutet, selbst weniger Aufmerksamkeit zu erhalten. Für ein Selbst, das sich minderwertig fühlt, stellt die nicht ausreichende Aufmerksamkeit durch andere eine weitere Verletzung dar. Aus diesem Grund muss das eigene Leiden im Vergleich mit anderen als besonders gewichtig dargestellt werden, um genug Aufmerksamkeit zu erhalten.

Diese Empathieunfähigkeit erklärt zu einem gewissen Grad, weshalb sich Aktivisten mit einer solchen Persönlichkeitsstruktur generell kaum in die Bedürfnisse anderer Menschen einfühlen können. Sie neigen überdurchschnittlich oft dazu, alles, was nicht ihren eigenen Vorstellungen und Handlungen entspricht, abzuwerten und schlecht zu machen. Das eigene Ich wird zum Maßstab, an dem sich alles zu orientieren hat.

Personen mit narzisstischen Tendenzen nutzen ihr aktivistisches Engagement primär dazu, ihre eigenen Bedürfnisse und Unsicherheiten zu adressieren. Das Repertoire des woken Aktivismus hält dafür viele hilfreiche Instrumente bereit: politische Korrektheit, Triggerwarnungen, Safe Spaces usw. Sie bieten Schutz vor Herausforderungen, die den eigenen Selbstwert bedrohen, und sie ermöglichen es, alle, die eine andere Haltung vertreten, als unsensibel und diskriminierend abzuwerten. Dies dient wiederum dem eigenen fragilen Selbstwert.

Um kein Missverständnis zu erzeugen: Es gibt gesellschaftliche Ungerechtigkeiten und der Kampf dagegen ist notwendig und Aktivismus ist nicht identisch mit Narzissmus. Aber das Engagement gegen Ungerechtigkeit unter woken

Vorzeichen bietet Menschen mit einem narzisstischen Persönlichkeitsprofil eine perfekte Arena, um ihre eigene Agenda zu verfolgen.

Doch es braucht nicht einmal eine narzisstische Persönlichkeitsstruktur, um sich in einer Opferkultur schnell selbst als Opfer zu fühlen. Durch die Sozialen Medien werden ihre zentralen Werte und die Inhalte, also was als verletzend gilt, vermittelt und erreichen ein großes Publikum. Laut Studien des amerikanischen Psychologen Jonathan Haidt konsumieren insbesondere junge liberale Frauen in Sozialen Medien überproportional häufig negative und krankmachende Inhalte. Er zählt dazu Inhalte, die transportieren, was er als die drei Glaubenssätze der modernen amerikanischen Kultur bezeichnet: „1. Was dich nicht umbringt, macht dich schwächer. 2. Vertraue immer deinem Gefühl. 3. Das Leben ist ein Kampf zwischen guten und bösen Menschen." Diese Glaubenssätze bewirken nach Haidt, dass Menschen immer empfindlicher reagieren. Ihre Inhalte verstärken die Wahrnehmung von Ungerechtigkeiten und das Gefühl, selbst Opfer zu sein. Dies kann dazu führen, dass Menschen stolz auf ihre Opferrolle sind, aber auch dazu, dass psychische Erkrankungen wie Depression und Angstzustände verstärkt werden.

Es ist auf jeden Fall beachtlich, dass sich heute 53 Prozent der jungen Frauen in Deutschland (eine Gruppe, die sich eher politisch links verortet) meistens oder immer gestresst oder besorgt fühlen. Dies ist der höchste Wert, der je erhoben wurde. Normalerweise sind junge und ältere Menschen mit ihrer Lebensqualität am zufriedensten. Seit Beginn der 2010er

Jahre, die mit dem rasanten Aufstieg der Sozialen Medien einhergehen, hat sich diese Situation jedoch verändert.

Die Dauerbesorgnis kann sich in eine Enttäuschung über eine vermeintlich immer intoleranter werdende Gesellschaft verwandeln. Diese befördert die Feindseligkeit gegenüber denen, die nicht die gleichen Ziele verfolgen. Ähnlich wie bei Rechtspopulisten wird die Welt durch eine verzerrte Linse betrachtet.

Linker Autoritarismus: Wenn nur noch (m)eine Meinung zählt

Woker Aktivismus bietet nicht nur narzisstischen Persönlichkeitstypen eine Bühne, sondern auch Menschen mit einer Neigung zum Autoritarismus. Diese Persönlichkeitsstruktur ist keineswegs auf das rechte politische Spektrum beschränkt, wie man lange Zeit annahm. In den letzten Jahren haben sich mehrere Studien mit dem Phänomen des linken Autoritarismus auseinandergesetzt und helfen, bestimmte Erscheinungen des woken Aktivismus besser zu verstehen.

Vertreter eines linken Autoritarismus neigen, ähnlich wie ihre rechten Pendants, zu einer ausgeprägten ideologischen Intoleranz. Diese richtet sich jedoch gegen alles, was als konservativ oder rechtsextrem wahrgenommen wird. Und als konservativ gilt alles, was nicht der eigenen Meinung entspricht.

Am 24. Januar 2024 versammelten sich in München bei der „Demo gegen rechts" weit über hunderttausend Menschen. Der Protestzug zog Menschen aus der Zivilgesellschaft und Vertreter politischer Parteien an, darunter auch Politiker der CSU, was den Veranstaltern missfiel. Organisiert wurde die Demonstration von verschiedenen linken Gruppierungen sowie Fridays for Future. Lisa Poettinger, Versammlungsleiterin und Klimaaktivistin, hatte sich bereits im Vorfeld der Demonstration mit der CSU angelegt. Auf X (vormals Twitter) schrieb sie:

> „Aiwanger kommt nicht zur Demo #GemeinsamGegenRechts am Sonntag – gibt's eine bessere Werbung? Aber was wollen CSU-Politiker:innen vor Ort? Als Versammlungsleiterin kann ich sagen, dass ich gar keinen Bock auf Rechte jeglicher Couleur habe!"

Auf dem Podium war von den Veranstaltern dann nicht nur Protest gegen Rechtsextremismus zu hören, sondern auch massive Kritik an den Unions- und Ampel-Parteien. Diese würden mit ihrer Flüchtlingspolitik die Forderungen der Rechten mehr oder weniger umsetzen. Lisa Poettinger formulierte es so: „Die AfD will Millionen deportieren und die Ampel setzt diese Politik mit freundlichen Worten um."

Wer sich nicht gegen Abschiebungen ausspricht und nicht für offene Grenzen eintritt, wird gemäß dieser Logik mehr oder weniger als Handlanger der AfD betrachtet und damit letztlich selbst zum Faschisten, der die Menschenwürde mit Füßen tritt. Echte Kämpfer gegen Faschismus und für die Demokratie sind nur die, die denken und handeln wie die Aktivisten. Diese ideologische Intoleranz mag von den eigenen Anhängern als rigoroses und unbeugsames Engagement für Humanität gesehen werden, sie erreicht jedoch die überwältigende Mehrheit der Bevölkerung nicht.

Wenn man die Kriterien der Veranstalter der „Demo gegen rechts" zum Maßstab für Rassismus und Fremdenfeindlichkeit erhebt, ist es nicht verwunderlich, dass verschiedene Rassismusstudien zum Ergebnis kommen, die Deutschen würden im Schnitt immer rassistischer.

Macht kaputt, was euch kaputt macht

Linker Autoritarismus beschränkt sich aber nicht auf den Aspekt der dogmatischen Intoleranz. Ann Krispenz und Alexander Bertrams, Psychologen von der Uni Bern, zeigten in einer Studie, dass linker Autoritarismus häufig mit antihierarchischen Aggressionen einhergeht, also Aggression gegen etablierte Rangordnungen. Gewalt wird als legitimes Mittel zur Durchsetzung der eigenen Interessen betrachtet. Diese richtet sich vornehmlich gegen etablierte Autoritäten und Hierarchien, da sie als ungerecht oder unterdrückend empfunden werden. Mit dieser antihierarchischen Aggression ist der ausgeprägte Wunsch verbunden, alle zu bestrafen, die an der

Macht sind. Dazu gehört z. B. die Forderung nach einer Abschaffung des Systems.

Anders als Menschen, die an echten Veränderungen interessiert sind und an Konzepten für ein anderes Gesellschaftsmodell arbeiten, beschränkt sich die Forderung nach einer Abschaffung „des Systems" auf dessen Destruktion. Alles, was danach kommen soll, bleibt vage und blumig und besteht den Realitätscheck nicht. Doch darum geht es nicht.

Eine Forderung, die in Amerika im Kontext der Black-Lives-Matter-Bewegung immer wieder zu hören war, lautete: „Defund the Police", entzieht der Polizei die Finanzierung. In Minneapolis, der Stadt, in der George Floyd 2020 durch Polizeigewalt ums Leben kam, gab es im November 2021 eine Initiative, um die Polizei abzuschaffen und durch ein „Department of Public Safety" zu ersetzen. Die Initiative wurde von 56 Prozent der Beteiligten abgelehnt. Die Wahlbeteiligung war für eine kommunale Abstimmung mit 54 Prozent relativ hoch.

Interessant war, dass die Mehrheit der schwarzen Bürger dagegen stimmte, trotz der weit verbreiteten Unzufriedenheit mit der Polizeiarbeit und den Forderungen nach Reformen. Sie befürchteten, dass die Abschaffung der Polizei ohne einen klaren und durchdachten Plan für eine neue öffentliche Sicherheitsstruktur zu mehr Kriminalität und Unsicherheit in ihren Gemeinschaften führen könnte. Für sie war der Realitätscheck entscheidend und den hatte der Plan nicht bestanden.

Mit der antihierarchischen Aggression ist zudem ein ausgeprägter Antikonventionalismus verbunden, wie Krispenz und Bertrams in ihrer Untersuchung herausfanden. Er äußert sich im Widerstand gegen traditionelle soziale Normen und Werte sowie den mit ihnen verbundenen Institutionen. Von außen kann man diesen Aktivismus leicht mit einem starken Reformeifer verwechseln, doch er speist sich aus einer anderen Motivation.

Das Dark-Ego-Vehicle-Prinzip

Linke Autoritäre sind von einem moralischen Überheblichkeitsgefühl geprägt, das sie in ihren Augen berechtigt, alles und jeden zu bekämpfen, der anders denkt. Um diese von ihnen als schädlich bewerteten Personen und deren Inhalte aus dem öffentlichen Diskurs zu verbannen, fordern sie staatliche Zensurmaßnahmen und Einschränkungen der Meinungsfreiheit.

Wer sich in ihren Augen schuldig gemacht hat, muss aus dem Verkehr gezogen und bestraft werden. In Kultureinrichtungen und an Universitäten im englischsprachigen Raum sind linke Autoritäre mit ihren Forderungen bereits recht erfolgreich. Dazu später mehr. Wissenschaftler, die Thesen vertreten, die nicht mit den aktivistischen Positionen übereinstimmen, sollen mit allen Mitteln daran gehindert werden, diese einer Öffentlichkeit zu präsentieren. Am besten wäre es, sie ganz von ihren Stellen zu entfernt. Dass linke Autoritäre glühende Verfechter einer politisch korrekten Sprache sind, verwundert kaum.

Krispenz und Bertrams konnten nachweisen, dass linker Autoritarismus mit den sogenannten dunklen Persönlichkeitsmerkmalen Narzissmus und Psychopathie verbunden ist, während prosoziale Eigenschaften wie Altruismus und Engagement für soziale Gerechtigkeit, die bei progressiven Menschen normalerweise sehr ausgeprägt sind, keine Rolle spielen. Der Kampf und das politische Engagement für soziale Gerechtigkeit dienen nur dazu, Dominanz über andere auszuüben und den eigenen sozialen Status zu erhöhen. Krispenz und Bertrams bezeichnen dies als „Dark-Ego-Vehicle-Prinzip". Soziales und politisches Engagement sind lediglich Instrumente, um die eigenen narzisstischen und psychopathischen Persönlichkeitsanteile zu befriedigen. Was von außen wie eine moderne Form von Robin Hoods Kampf für soziale Gerechtigkeit aussieht, speist sich in solchen Fällen nicht aus einer edlen, altruistischen Gesinnung, sondern aus einer dissozialen Persönlichkeitsstruktur.

Auch hier möchte ich noch einmal darauf verweisen, dass linke Aktivisten nicht automatisch eine autoritäre Persönlichkeitsstruktur aufweisen, dass aber Menschen mit diesem Persönlichkeitsprofil im linken Aktivismus ein wunderbares Betätigungsfeld finden, ihre eigene Agenda durchzusetzen.

Ich finde es wichtig, diesen Aspekt im Hinterkopf zu behalten, wenn es um die konkreten Strategien des Aktivismus geht, um die es im übernächsten Kapitel gehen wird. Nicht jeder Vorwurf und damit nicht jede Forderung, ein vermeintliches Unrecht zu beseitigen, sind nämlich berechtigt.

Der Hass auf den Westen und der Traum von einer herrschafts- und diskriminierungsfreien Gesellschaft

Das identitätspolitische Engagement strebt nach einer herrschafts- und diskriminierungsfreien Gesellschaft. Doch dieser Kampf hat mittlerweile teilweise antiwestliche, antimoderne, antiaufklärerische und antidemokratische Züge angenommen. Besonders die sogenannten Kritischen Theorien haben dazu geführt, dass immer mehr junge Aktivisten das Projekt der Aufklärung und Demokratie ablehnen. Sie sehen in diesen nur Werkzeuge zur Aufrechterhaltung westlicher Dominanz, die für die Befreiung anderer Kulturen hinderlich sind.

Menschen dagegen, die durch das universalistische Paradigma geprägt sind, verstehen nicht, wieso ihre Kritik an der weiblichen Genitalverstümmelung kolonialistisch und rassistisch sei. Oder weshalb die Infotafel eines schwulen Museums als rassistisch kritisiert wird, auf der die Strafen für Homosexualität in verschiedenen Ländern aufgelistet sind. Für woke Aktivisten spiegelt diese Information eine eurozentrische Perspektive wider, die andere Kulturen abwertet.

Aus Sicht woker Aktivisten hat der Westen aufgrund seiner kolonialen Vergangenheit jegliche Legitimation für Kritik an anderen Kulturen verloren. Die Aktivisten fühlen sich für diese Taten und die seither gewachsenen Strukturen noch verantwortlich. Um sich von dieser Schuld zu befreien, wechseln sie mental die Seiten. Andere Kulturen werden unabhängig von reaktionären Ansichten und Praktiken aufgrund ihrer Andersartigkeit geschätzt. Das Mitgefühl gilt dem Opferkollektiv.

Ich erinnere noch einmal an drei Prinzipien der Identitätspolitik: Benachteiligung basiert auf einem nicht-selbstgewählten Merkmal, alle Benachteiligten teilen dieses Merkmal und um Diskriminierung zu bekämpfen, steht die betroffene Gruppe im Mittelpunkt, nicht das Individuum.

Die starke Betonung der Gruppenidentität führt sogar dazu, dass Menschen, die Teil einer benachteiligten Gruppe sind und bestehende Missstände innerhalb ihrer Gruppe kritisieren, als untypisch für die Gruppe betrachtet werden und keine Solidarität erfahren. Ihnen wird Verrat an der Tradition und Kollaboration mit der westlichen Unterdrückerkultur vorgeworfen. Die Solidarität gilt dem Opferkollektiv und damit auch den individuellen Tätern innerhalb der Gruppe. Wer als Opfer gilt, legen Aktivisten nach ihren Maßstäben fest.

Als die Brandeis University in Massachusetts Ayaan Hirsi Ali die Ehrendoktorwürde verleihen wollte, übten Studenten und Dozenten solchen Druck auf die Universitätsleitung aus, dass diese letztendlich zurückruderte. Was hatte die aus Somalia stammende Aktivistin, die sich gegen Frauenbeschneidung einsetzt, falsch gemacht? Sie war als muslimische Frau, die Unterdrückung von Frauen im Namen des Islam erlebt hatte, zu einer scharfen Kritikerin des politischen Islam geworden. Die Studenten und Dozenten argumentierten, dass die Auszeichnung durch die Uni muslimische Studierende verunsichern könnte.

Woker Aktivismus richtet sich in den zahlreichen derartigen Fällen nicht mehr gegen das Unrecht, das Frauen im Namen einer Ideologie erfahren, sondern dagegen, dieses Unrecht anzusprechen. Das musste auch der Grünen-Politiker

Cem Özdemir erfahren, der mit einem Gastbeitrag in der *FAZ* im September 2024 im Netz für Empörung sorgte. Er sprach darin unter anderem von den Erfahrungen seiner Tochter in Berlin, die immer wieder sexuelle Übergriffigkeiten durch junge Männer mit Migrationshintergrund erlebt.

Özdemir wurde im Netz als Rassist beschimpft. Er sah sich nicht nur dem Vorwurf ausgesetzt, seine Tochter zu instrumentalisieren, sondern rechte und völkische Narrative zu bedienen und die Politik der AfD fortzusetzen. Er bekam zu hören, er verschleiere die wahre Ursache sexueller Belästigungen, nämlich die toxische Männlichkeit. – Dass es in patriarchal geprägten Kulturen und Gesellschaften gehäufter zu Formen von toxischer Männlichkeit kommen könnte, wird von woken Aktivisten bestritten. Einen solchen Zusammenhang zu konstatieren, hieße in ihren Augen, Kulturen zu diskriminieren. – Andere warfen Özdemir vor, dass nicht Muslime in Deutschland, sondern Rechtsextremisten das Problem seien. Auch das ist eine bewährte Strategie, um sich nicht mit etwas beschäftigen zu müssen, das einem missfällt. Nebenbei: Dieser Strategie bedienen sich Rechtspopulisten genauso gerne, nur sind ihre Inhalte andere.

Ninve Ermagen, eine assyrischstämmige Bloggerin, erklärte ein paar Tage später in ihrem *FAZ*-Beitrag, weshalb Teile der Linken nicht bereit sind, sich mit dem Thema zu beschäftigen. Sie schrieb: „Wir sind die falschen Opfer, und die Täter sind die falschen Täter." Die Erlebnisse von Özdemirs Tochter könne sie aus der eigenen Erfahrung bestätigen. Doch für Aktivisten können Menschen, die selbst aus marginalisierten Gruppen stammen, keine Täter sein, weil sie durch ihre Zugehörigkeit zu einer marginalisierten Gruppe immer automatisch Opfer sind. Und „richtige Opfer" wären die Opfer gemäß dieser Logik nur, wenn die Täter Teil der Mehrheitsgesellschaft wären. Eine Unrechts- oder Gewalterfahrung allein macht einen Menschen im aktivistischen woken Milieu eben noch nicht zum Opfer. Ermagen schrieb weiter:

> „Die progressiven Linken glauben, dass sie Migranten einen Gefallen tun, wenn sie dieses Thema unter den Teppich kehren. Doch damit verhöhnen sie nur die Seite der Opfer. Sie sind der Auffassung, dass derartiges Unrecht an Frauen nichts mit kulturellen Wertvorstellungen zu tun habe. Sie sprechen von Einzelfällen, die nicht repräsentativ sein. Oft fordern sie Verständnis für die Täter, denn diese seien schließlich Opfer der rassistischen deutschen Mehrheitsgesellschaft – so schilderte es mir ein linker Aktivist, um zu erklären, warum sich manche nicht integrieren wollen. Ich stand etwas ratlos da, weil ich nicht glaube, dass mein Vater meine Mutter geschlagen hat, weil er Rassismus erlebt."

Das herrschaftsfreie Utopia oder verkehrte Welt

Da in der Sichtweise der Aktivisten die westliche Kultur mit ihrem Dominanzstreben und ihren Werten nach wie vor andere Kulturen ausgrenzt und marginalisiert, schließen sie mit allen Allianzen, die ebenfalls gegen die Vormachtstellung des Westens kämpfen. Die Devise lautet: Der Feind meines Feindes ist mein Freund.

Das Ziel des woken Aktivismus ist eine harmonische, nicht von Weißen dominierte, herrschaftsfreie Gesellschaft, in der alle marginalisierten Gruppen friedlich zusammenleben können. Nur leider wird der Feind meines Feindes nicht automatisch zu meinem Freund, insbesondere dann nicht, wenn er ganz andere Ziele verfolgt.

Fundamentalistische muslimische Gruppen streben sicher nicht nach einer antihierarchischen Gesellschaft, in der alle Menschen gleichberechtigt nebeneinander leben und ihre sexuellen Identitäten ausleben können. Ihre Vision ähnelt eher den vergangenen europäischen Gesellschaften, in denen Männer über Frauen herrschten und Abweichungen von der heterosexuellen Norm drakonisch bestraft wurden. Die gesellschaftliche Vision dieser fundamentalistisch religiösen Gruppen ähnelt eher der Vision der Rechtspopulisten als den Idealen einer offenen Gesellschaft.

Doch da islamistische Bewegungen in der westlichen Gesellschaft auf Ablehnung stoßen, gilt ihnen die bedingungslose Solidarität woker Aktivisten. Woker Aktivismus wird vom Opferstatus angezogen, unabhängig davon, ob die Opfer selbst Täter sind. Der Kampf gegen Unterdrückung wird nur aktiviert, wenn die richtigen Unterdrücker im Spiel sind: weiß, männlich, konservativ, kapitalistisch oder imperialistisch. Dies erklärt, weshalb der weiße alte Mann das zentrale Hassobjekt ist. Er verbindet einige dieser Eigenschaften in Personalunion.

Wer diese Theorien kennt, wundert sich nicht mehr, dass queere Aktivisten die Hamas feiern und mit Slogans wie „Queers for Palestine" oder „Gays for Gaza" ihre Solidarität mit der Sache der Palästinenser im Gazastreifen zum Ausdruck bringen. Die Hamas gilt als edle Widerstandsbewegung, die gegen Israelis kämpft, welche als weiße Kolonialisten und durch ihre Verbindung mit Amerika zusätzlich als Imperialisten gelten. Dass Homosexualität in Gaza streng verfolgt wird und dass auch die palästinensische Zivilbevölkerung nicht durch ausgemachte Sympathien für Schwule und Lesben auffällt, spielt dann keine Rolle mehr.

Ob Islamisten oder links-autoritäre Regime: Solange sie gegen Amerika und den Westen sind, ist die ideologische Welt für viele woke Aktivisten in Ordnung. Der französische Philosoph Pascal Brucker beschrieb diese absurde Haltung in seinem Buch *Ich kaufe, also bin ich*. Dort heißt es: Wenn die Landung der Alliierten von 1944 heute stattfände, könnte man darauf wetten, dass Onkel Adolf die Sympathie unzähliger Linksradikaler genießen würde, weil Onkel Sam gegen ihn kämpft.

Der Antiimperialismus und die Ablehnung sogenannter westlicher Werte in diesen Bewegungen oder Regimen qualifiziert sie als edel. Dass diese Regime die Opposition und Andersdenkenden verfolgen, wird ignoriert oder ausgeblendet, da die Regime gegen die vermeintlich richtige Sache kämpfen. Ich habe bewusst nicht geschrieben: *für* die richtige Sache, denn was die Vision von der Zukunft anbelangt, herrscht zwischen all diesen Gruppierungen keine Einigkeit, außer dass sie vermutlich über die woke Zukunftsvision lachen und sich freuen, dass ihre Angriffe gegen demokratische, westliche Gesellschaften aus diesen heraus Unterstützung erfahren.

Die pauschale Verurteilung westlicher Werte und die unkritische Glorifizierung nicht-westlicher Traditionen führen zu einer verzerrten Wahrnehmung der Realität und dazu, dass das System bekämpft wird, das die Freiheits- und Gleichheitsrechte gewährt, aufgrund derer man überhaupt kämpfen kann.

Was macht woken Moralismus so attraktiv?

Dabei sein ist alles: Die Sehnsucht nach Zugehörigkeit

Warum ist die woke Sichtweise heute für viele, insbesondere junge und gut gebildete Menschen, so attraktiv? Warum hat sich der Diskurs von Universalismus und Argumentation hin zur Identitätspolitik und Moralisierung verschoben? Diese Fragen lassen sich vor dem Hintergrund der tiefgreifenden Veränderungen in westlichen Gesellschaften im letzten Jahrhundert beantworten.

In westlichen Gesellschaften fand nicht nur eine rasante technologische Entwicklung statt, die für viele Menschen besonders nach dem Zweiten Weltkrieg mit einem ökonomischen Aufstieg und mit besseren Lebensbedingungen verbunden war, sondern es vollzog sich zudem ein rasanter Wertewandel. Das Individuum mit seinen Bedürfnissen rückte ins Zentrum. Autonomie und Freiheit wurden neben der Gleichheit zu zentralen Werten.

Insbesondere im Bereich der Sexualität hinterließen diese neuen Werte deutliche Spuren. Es ging nun um die sexuelle Selbstbestimmung. Sie war ein Booster für die Frauenemanzipation und die Schwulenbewegung, aus der die LGBTQ-Bewegung erwuchs. Diese Veränderungen beeinflussten traditionelle Familienstrukturen, wodurch neben der klassischen heterosexuellen Kernfamilie alternative Lebensmodelle wie nichteheliche Partnerschaften, Patchworkfamilien, Alleinerziehende und Regenbogenfamilien an Bedeutung gewannen.

Aber nicht nur im Bereich der Sexualität dominierten neue Einstellungen. Insbesondere in Amerika kämpfte die Bürgerrechtsbewegung für die Gleichstellung und Partizipationsrechte der Schwarzen. Die Fragen, unter welchen Bedingungen eine Gesellschaft gerecht sei, wurden neu gestellt und diskutiert. Die Forderung nach Gleichberechtigung für zuvor benachteiligte Gruppen führte zur kritischen Überprüfung der Privilegien dominanter Gruppen sowie der staatlichen Macht.

Diese Entwicklungen trugen zum schwindenden Einfluss der Religion und der christlichen Kirchen bei. Dies zeigt sich insbesondere in Deutschland seit den siebziger Jahren in rückläufigen Mitgliederzahlen. Dieser Trend verläuft in allen westlichen Staaten relativ ähnlich, auch wenn das Tempo der Säkularisierung je nach Land variieren mag. Selbst in den als sehr religiös geltenden USA lösen sich insbesondere in der jüngeren Generation die Bindungen zu Kirchen zunehmend auf.

In modernen Gesellschaften triumphierten also progressive Lebensvollzüge. Die Mehrheit der Gesellschaft übernahm die Ideen und Vorstellungen progressiver Gruppen. Der Lebensstil einer ursprünglich kleinen Gruppe wurde zum Mainstream. Möglich war dies, weil diese Veränderungen von der Mehrheit als persönlicher Gewinn erlebt wurden. Große Teile der Bevölkerung stiegen ökonomisch auf und genossen mehr individuelle Freiheiten.

Mit der Betonung individueller Rechte und Freiheiten geriet jedoch ein Aspekt, der für das psychische Wohlbefinden von Menschen entscheidend ist, in den Hintergrund: das Gefühl der Zugehörigkeit zu einer Gemeinschaft. In individualisierten Gesellschaften ist es im Vergleich zu kollektivistischen Gesellschaften aufgrund der anderen Lebensweise schwieriger, Gemeinschaft zu erleben. Der Einzelne muss dafür mehr Zeit und Energie aufbringen.

Es scheint kein Zufall zu sein, dass gerade identitätspolitische Ideen, die auf Gruppenidentität und Zugehörigkeit abzielen, seit den 2000er Jahren immer populärer werden. Die rasante Individualisierung und die neoliberale Ökonomisierung der Gesellschaft, die den Konsumenten anstelle des Bürgers in den Mittelpunkt stellte, führten dazu, dass sich vor allem junge Menschen vermehrt als entwurzelte Einzelkämpfer erlebten. Obwohl die Anfänge der Identitätspolitik in den späten siebziger Jahren liegen, dauerte es bis in die neunziger Jahre, bis die damit verbundenen Theorien an amerikanischen Universitäten Einfluss gewannen. Erst zu Beginn der 2000er Jahre konnten sie sich in den Kultur- und Geisteswissenschaften etablieren und dann im progressiven Mainstream.

Während Konservative nach außen den Verlust traditioneller Werte wie Gemeinschaft, Zugehörigkeit und Loyalität zur eigenen Gruppe beklagten, pflegten sie diese Werte intern weiter. In dieser Hinsicht hatten die Progressiven wenig zu bieten. Die universalistische progressive Gesellschaftsvision, die jedem Menschen gleiche Rechte zuspricht und individuelle

Entfaltungsmöglichkeiten sowie Schutz vor Diskriminierung gewähren soll, ist nur bedingt geeignet, ein Gefühl der Gruppenzugehörigkeit zu vermitteln, da die Gruppe „alle Menschen" psychologisch betrachtet einfach zu groß ist.

Die Generation, die zwischen Ende der 1940er und Ende der 1950er Jahre geboren wurde, wurde als Erwachsene maßgeblich von diesem universalistischen Paradigma geprägt. Es scheint, dass sie das Gefühl der Gruppenzugehörigkeit weniger stark betonen mussten, da sie selbst noch in einer Gesellschaft aufwuchsen, die stärker von Gruppenzugehörigkeiten geprägt war. Für sie standen deshalb als junge Erwachsene vor allem Selbstverwirklichung, Autonomie und Freiheit im Vordergrund. Der Universalismus, der gleiche Rechte für alle Menschen vorsieht und individuelle Freiheit sowie Schutz vor Diskriminierung gewährt, bot ihnen die Möglichkeit, ihre Vorstellung von einem erfüllten Leben umzusetzen. Auf diese Weise konnten sie den Forderungen einer damals noch repressiveren Gesellschaft und eines dominanten Staates entgegentreten.

Die Kinder und zum Teil Enkel dieser Generation sind jedoch unter anderen gesellschaftlichen Bedingungen aufgewachsen. Die Gesellschaft ist längst nicht mehr repressiv und der Staat hat sich aus der persönlichen Lebensgestaltung seiner Bürger verabschiedet. Durch die Identitätspolitik ist es ihnen möglich, zwei Dinge miteinander zu verbinden: ihren Kampf für eine diskriminierungsfreie Gesellschaft und ihr Bedürfnis nach Gruppenzugehörigkeit.

Auf der Suche nach dem Wofür: Die Sehnsucht nach Sinn

Der besondere Bonus von Gruppenzugehörigkeit im identitätspolitischen Denken liegt darin, dass diejenigen, die Marginalisierungserfahrungen haben, moralisch ausgezeichnet werden. Selbst diejenigen, die nicht direkt von Marginalisierung betroffen sind, können durch ein wokes Bewusstsein zeigen, dass sie für die Diskriminierungserfahrung der anderen sensibilisiert sind. Das zeichnet sie nun ebenfalls moralisch aus.

Die Identitätspolitik ermöglicht es dem Einzelnen also, sich nicht nur als Teil einer x-beliebigen Gemeinschaft zu erleben, sondern als Teil einer ganz besonderen. Das Gefühl, zu etwas Besonderem zu gehören und an einer besseren Welt mitzuwirken, erzeugt individuell das Gefühl von Sinnerfüllung. Sinn und Bedeutung zu erfahren, zählt zu den grundlegenden menschlichen Bedürfnissen, ebenso wie das Bedürfnis nach Gemeinschaft.

Wodurch wir diese befriedigen können, habe ich in meinem Buch *Sinnerfüllt* gezeigt. Während die Boomer-Generation dieses Bedürfnis durch berufliches Engagement zu stillen versuchte, streben Aktivisten der Generation Z nach anderen Sinnquellen. Sie kommen meist aus ökonomisch abgesicherten Verhältnissen und erleben die Mehrung von ökonomischem Wohlstand nicht mehr als befriedigend. Das Engagement für eine gerechtere Gesellschaft und eine bessere Welt bietet ihnen hingegen ein hohes Sinnerfüllungspotenzial.

Mit der Suche nach Sinn berühren wir ein Gebiet, das traditionell mit Religion verbunden war. Meines Erachtens liegt einer der Gründe für das Erstarken der woken Bewegung auch im Schwinden des Religiösen in modernen westlichen Gesellschaften. Der US-amerikanische Literaturwissenschaftler John McWhorter betrachtet die woke Bewegung sogar als eine Art neue Form von Religionsgemeinschaft. Es gibt eine Heilslehre: Eine bessere Welt ist möglich, wenn sich jeder Einzelne dafür engagiert. Dazu muss jeder die Regeln der Lehre verinnerlichen und umsetzen.

Über Jahrtausende hinweg übernahmen traditionelle Religionsgemeinschaften diese Aufgabe. Sie gaben Werte vor und erklärten, was richtig und falsch ist. Durch konkrete Regeln strukturierten sie den Alltag ihrer Anhänger und gaben ihnen dadurch Halt und Orientierung. In einer offenen Gesellschaft, in der auch der Staat nicht mehr vorschreibt, wie man leben soll, ist es anstrengender, ein erfülltes Leben zu führen. Man muss alles selbst abwägen, beurteilen und entscheiden. Angesichts der vielen Möglichkeiten kann diese Aufgabe im Gefühl der Überforderung enden. Identitätspolitische Ansätze leisten mit ihren strengen und manchmal dogmatischen Überzeugungen und Handlungsanweisungen das, was bis dato Religionen taten. Durch das gemeinsame Verhalten der Gruppenmitglieder wird zudem das Gefühl der Gemeinschaft gestärkt.

Einfach kompliziert:
Die Sehnsucht nach Klarheit und Einfachheit

Identitätspolitik bietet ihren Anhängern noch einen weiteren lebensrelevanten Vorteil. Sie schafft es, unsere hochkomplexe Welt zu vereinfachen, indem sie sich wiederum eines bewährten religiösen Musters bedient: der Unterteilung der Welt in zwei Bereiche. Gut und Böse, Licht und Schatten, Richtig und Falsch, Innen und Außen.

In der christlichen Tradition spielte die scharfe Trennung dieser beiden Dimensionen für fast zweitausend Jahre eine wichtige Rolle. Die Nachwirkung dieser Lehre und die damit verbundenen Weltdeutungsmuster hallen im kollektiven Unterbewussten noch viel länger nach, als es die tatsächliche Ausübung der Religion vermuten lässt.

Im identitätspolitischen Diskurs sind die Guten die Diskriminierten und die Diskriminierungsbekämpfer, die sich gegen jede Form von Rassismus und Diskriminierung engagieren. Zu den Bösen gehören alle, die sich nicht an die identitätspolitischen Überzeugungen halten oder die von den diskriminierenden Strukturen einer Gesellschaft profitieren.

Das Denkmodell der scharfen Differenzierung zwischen dem Reich des Guten und dem des Bösen ist in Amerika traditionell im rechten politischen Spektrum verwurzelt, das eng mit evangelikalen christlichen Bewegungen verbunden ist. Der ehemalige amerikanische Präsident George W. Bush sprach in der Folge der Terroranschläge des 11. September in einer Rede zur Lage der Nation von einer „Achse des Bösen". Gemeint waren Länder, die seiner Ansicht nach den Terrorismus unterstützten. Dass sich dieses simplifizierende Modell mittlerweile auch progressive Woke zu eigen gemacht haben, erklärt sich aus ihrer Sehnsucht nach Komplexitätsreduktion und dem Wunsch, zu den Guten und Gerechtfertigten zu gehören. Mit einem aufgeklärten und differenzierten Denken, wie es lange Zeit für das progressive Milieu kennzeichnend war, hat dies allerdings wenig zu tun.

Ich bin klein, mein Herz ist rein: Die Sehnsucht nach Erlösung

In einer Welt, die in Gut und Böse aufgeteilt ist, ist die Sehnsucht nach Erlösung vom Bösen nie weit entfernt. Die Zweiteilung der Gesellschaft in eine Sphäre des Guten und des Bösen führt dazu, dass selbst woke Aktivisten, wenn sie weiß sind, zunächst zur Sphäre des Bösen gehören. Sie genießen ungerechtfertigte Privilegien durch ihr Weißsein und gehören zu einer Kultur, die durch Kolonialismus Leid gebracht und ökonomische Vorteile erlangt hat. Die meisten weißen Aktivisten fühlen sich deshalb schuldig.

Ob die Vorstellung der individuellen Schuld der Nachgeborenen im Kontext des Kolonialismus eine angemessene Kategorie ist, wäre zu diskutieren. Es gibt einen Unterschied zwischen kollektiver Verantwortung und moralischer Schuld. Darauf verwies bereits 1946 Karl Jaspers in seinem bis heute wichtigen Text *Die Schuldfrage*. Moralische Schuld kann seiner Ansicht nach nicht kollektiv sein, denn sie ist an eine konkrete Tat eines Individuums gebunden. Wenn es um ein Kollektiv geht, dann geht es nicht mehr um Schuld, sondern um das Thema der Verantwortung. Ein Kollektiv, z. B. ein Staat, kann durchaus in die Verantwortung genommen werden für Taten, die im Namen dieses Kollektivs einmal begangen wurden. Doch mit der Verantwortungsfrage sind andere Konsequenzen verbunden als mit der Schuldfrage. Hier geht es z. B. um staatliche Ausgleichs- und Reparationszahlungen, die alle Staatsbürger durch ihre Steuern finanzieren, und zwar unabhängig davon, ob sie selbst oder ihre Vorfahren moralisch schuldig geworden sind.

Dass im woken Diskurs die Schuldthematik und die Befreiung von selbiger eine so wichtige Rolle spielt, ist meines Erachtens eine Nachwirkung des religiösen Erbes des Christentums. So wie es nach christlicher Überzeugung keinen Menschen in dieser Welt gibt, der nicht schuldig geworden ist, so gibt es nach woker Überzeugung kein Mitglied der weißen Mehrheitsgesellschaft, das nicht schuldig geworden ist. Da Schuld vorliegt, ist die Seele unrein und befleckt. Durch ein Bekennen der Sünden (des Genusses der Privilegien) und durch Reue, indem man vom Tun ablässt, wird Absolution und damit Seelenreinheit erlangt. Je vertrauter uns Narrative sind, weil sie an alte Glaubensüberzeugungen und Erklärungsmuster andocken, desto mehr Resonanz erzeugen sie in uns.

Die seelische Reinheit war lange Zeit in der christlichen Tradition das zentrale Anliegen, denn nur wer seelisch rein war, konnte auf ein gutes Schicksal nach dem Tod hoffen. Dies führte dazu, dass besonders im spirituell-asketischen Milieu des Christentums das Streben nach Seelenreinheit für wichtiger erachtet wurde als das konkrete Handeln in der Welt.

Womit wir bei einer weiteren Parallele oder unbewusst weiterwirkenden religiösen Überzeugung sind: Es geht bei einem Teil der Aktivisten stärker ums eigene Seelenheil als darum, aktiv die Situation zu verändern. Sieht man von öffentlichkeitswirksamen Protestcamps, Protestmärschen, Demonstrationen und Sitzstreiks einmal ab, dann ist das konkrete Engagement – gemessen an der Menge von empörten Posts in den Sozialen Medien – wesentlich geringer.

Applaus, Applaus! Die Sehnsucht nach Anerkennung

Etwas weniger transzendent als der Wunsch nach der Sicherung des eigenen Seelenheils ist der zutiefst menschliche Wunsch nach Anerkennung, der in uns allen angelegt ist. In der Geschichte der Menschheit haben sich dafür zwei Strategien als sehr erfolgreich erwiesen, wie Philipp Hübl in seinem Buch *Moralspektakel* zeigt: Dominanz und Prestige.

Bei der Dominanz behauptet der Stärkere seine Vorrangposition durch Einschüchterung und das Erregen von Angst so lange, bis ein anderer sich als stärker erweist. Der Erwerb von Prestige verläuft hingegen deutlich friedlicher ab. Prestige hat mit Bewunderung zu tun. Lange Zeit war diese Bewunderung an materiellen Besitz gekoppelt. Doch auch durch Moral erwarben Menschen Prestige. In den modernen westlichen Gesellschaften entstand in den letzten fünfzig Jahren eine neue Werteebene, in der Fürsorge und Fairness die entscheidenden Rollen spielen. Wer heute diese Werte lebt und unterstützt, erfährt Anerkennung und Bewunderung von allen, die sie teilen.

Obwohl Moralisieren und moralisches Handeln nicht dasselbe sind, funktioniert Moralisieren nur im Kontext moralischer Normen. Etwas muss als gut oder schlecht gelten, damit das Anprangern einer Normverletzung überhaupt Beachtung findet. Mit der uns gezollten Anerkennung können wir dann unseren Status in der Gruppe verbessern. Als Menschen vergleichen wir uns ständig mit anderen in unserer Gruppe und justieren, wo wir im Gruppen-Ranking stehen.

Hübl verweist hier auf einen wichtigen Punkt: Während wir uns beim materiellen Prestige tendenziell nach oben orientieren und das erstreben, was einflussreichere oder bekanntere Menschen haben, vergleichen wir uns beim moralischen Prestige nach unten. Dies tun wir, um selbst in einem besseren Licht zu erscheinen. Für unseren Selbstwert ist das essenziell. Moralisieren dient somit auch der Aufwertung des eigenen Status. Ansonsten lässt sich schwer erklären, warum das Empören in den Sozialen Medien gerade nicht anonym, sondern mit Klarnamen geschieht. Mit der Aufwertung des eigenen Selbst geht unweigerlich die Abwertung der anderen einher.

Der Psychologe Varnan Chandreswaran verweist in seinem Buch *Raus aus der Opferrolle* darauf, dass dieses Verhalten, das aus der Narzissmusforschung bekannt ist, im Kontext der

Moralisierung häufig anzutreffen ist. Studien zeigen, dass besonders Narzissten auf politische Korrektheit bestehen. Ihnen geht es im Kampf gegen Ungleichheit nicht so sehr um eine Verbesserung der Situation für alle, sondern um persönliche Anerkennung und Macht. Sie sind häufiger vom Gefühl der Rache und des Ressentiments getrieben als Aktivisten, die keine narzisstische Persönlichkeitsstruktur aufweisen. Durch die Möglichkeit zu moralisieren, können besonders narzisstische Persönlichkeiten Macht ausüben. Diese Gelegenheit lassen sie nicht ungenutzt an sich vorbeiziehen.

Die Strategien der woken Moralisierung

Theoretische Analysen allein verändern nicht die realen Verhältnisse. Konkrete Strategien und Methoden sind erforderlich. Aus diesem Grund haben woke Aktivisten Methoden entwickelt, um Diskriminierung zu bekämpfen. Eines ihrer wichtigsten Instrumente zur Veränderung der Gesellschaft und Beseitigung von Diskriminierung ist die Sprache.

Sensible Sprache: Worte auf der Goldwaage

Im Vorfeld des EM-Spiels 2024 zwischen Spanien und Italien analysierte Per Mertesacker, einer der beiden Experten im ZDF-Studio, das spanische Team und verwies auf das „Spielermaterial" der Spanier. Woraufhin sich Moderator Jochen Breyer an Mertesacker und Christoph Kramer, den zweiten Experten, wandte und sagte: „Spielermaterial – weil ihr beide den Begriff öfter verwendet: Ich weiß, das wird bei einigen Fans zu Hause kritisch gesehen, weil Menschen kein Material sind. Vielleicht sagen wir in Zukunft einfach ‚Kader' oder

‚Spielerpotenzial'." Breyer thematisierte den Vorwurf, der von einigen im Netz geäußert wurde: Der Begriff degradiere Menschen zu Material und spreche ihnen ihre Menschlichkeit ab.

Christoph Kramer, selbst noch aktiver Profi, wusste mit dem Einwand wenig anzufangen. Er sagte in einem Interview, er habe als Experte und Spieler wenig Verständnis für eine Forderung nach einem Verbot des Wortes. Er sei selbst Spieler und wenn er den Begriff höre, denke er nicht: „Ich bin ein Mensch, bitte!" Auch andere aktive Profis sahen sich nicht in ihrer Menschlichkeit angegriffen. Der deutsche Nationalspieler Niclas Füllkrug griff die Vorlage ironisch auf und meinte, er sei, was das deutsche Team anbelangt, zuversichtlich, da es gutes Spielermaterial habe.

Die Debatte verebbte schnell, was wohl daran lag, dass sich die Betroffenen, hochbezahlte und gesellschaftlich betrachtet privilegierte Fußballprofis, nicht an dem Begriff störten. Zudem dürfte das breite Fußballpublikum wenig Interesse an sprachkritischen Analysen haben. Bei anderen Themen und Betroffenen halten Debatten und Empörung länger an.

Am Beispiel des Spielermaterials lässt sich aber gut der Unterschied zwischen Menschen verdeutlichen, die auf eine sensible Sprache pochen, und denen, denen sie egal ist. Es geht um die Bewertung der Sprache bzw. desjenigen, was Sprache leisten kann. Prägt die Sprache unsere Wirklichkeit oder ist sie primär ein Kommunikationsmittel?

Wer glaubt, dass Sprache die Realität beeinflusst, muss besonders darauf achten, welche Begriffe verwendet werden. Schließlich haben sie ja reale Auswirkungen. Durch den eigenen Verzicht auf diskriminierende oder abwertende Begriffe kann Diskriminierung verringert werden. Andererseits müssen potenziell diskriminierende Begriffe möglichst komplett aus dem Diskurs ausgeschlossen werden, um keine diskriminierende Realität zu schaffen.

Dies betrifft auch die Wiedergabe von Begriffen im wissenschaftlichen Kontext, die als nicht mehr sagbar gelten. Taucht das „N-Wort" in einer historischen Quelle auf, soll es umschrieben werden, weil es verletzend ist. Bei diesem Sprachverständnis wird nicht mehr unterschieden, ob ein Begriff nur zitiert oder gebraucht wird. Ein Wort zu gebrauchen bedeutet, dieses aktiv in der Sprache einzusetzen und sich dessen Bedeutung zu eigen zu machen. Zitieren heißt, etwas wiederzugeben, was so bereits gesagt oder geschrieben wurde, ohne damit seine Zustimmung zu signalisieren.

Wer Sprache hingegen primär als Kommunikationsmittel betrachtet, reagiert weniger sensibel auf Begriffe, da diese für ihn keine unabhängige Wirklichkeit schaffen. Die reine Wiedergabe eines negativ belegten Wortes erzeugt in dieser Person kaum negative Emotionen, weil sie dem Klang des Wortes keine Macht zuschreibt. Sie nimmt ein Zitat als Zitat wahr.

Die Bewertung dessen, was als sagbar gilt, ändert sich heute schneller. Ein Begriff, der gestern noch unproblematisch war, kann heute als problematisch gelten. Es geht hier nicht um offensichtlich abwertende Begriffe, wie das „N-Wort". Aber die wenigsten Menschen verstehen, weshalb sie nicht mehr „Flüchtlinge", sondern „Geflüchtete" sagen sollen. Oder weshalb „Hispanics" als problematisch gilt und durch „Latinx" ersetzt werden soll. (Das x am Ende steht für alle Geschlechtsidentitäten.) Selbst in den USA können Dreiviertel der aus Süd- und Mittelamerika Stammenden, für die der Begriff gedacht ist, mit diesem nichts anfangen.

Viele neue Begriffe, welche die Lebensrealitäten von Minderheiten abbilden, wie „Cisgender" als Bezeichnung für einen Menschen, der sich mit seinem Geburtsgeschlecht identifiziert, also nicht „Transgender" ist, oder „Dey" als Pronomen für nicht-binäre Personen, also Menschen, die sich weder als männlich noch als weiblich begreifen, sind für einen Großteil der Bevölkerung zunächst neue Vokabeln, die gelernt werden müssen.

Das heißt nicht, dass man diese Begriffe nicht verwenden soll. Nur sollte man sich von der Illusion verabschieden, dass damit ein Akt der gesamtgesellschaftlichen Inklusion vollzogen wird, wie Philipp Hübl in *Moralspektakel* betont. Die Einführung dieser neuen Begriffe, welche die Pluralität der Gesellschaft abbilden möchten, kann von Menschen, die mit den verbundenen Ideen nicht vertraut sind, als Ausschluss empfunden werden. Und es ist ungerecht anzunehmen, dass diese Menschen andere vorsätzlich diskriminieren, nur weil sie diese Begriffe nicht verwenden.

Veränderungen brauchen Zeit und es braucht mehr Toleranz für diejenigen, die sich von der Geschwindigkeit, aber auch vom ausgeübten Druck regelrecht überfahren fühlen. Wo Toleranz fehlt, entwickelt sich schnell eine Art Kulturkampfmodus: Die „unkorrekte" Sprache wird nun als Protest gegen etwas, was als erzwungen wahrgenommen wird, bewusst eingesetzt. In der Psychologie spricht man von reaktantem Verhalten, wenn Menschen ein unerwünschtes Verhalten gerade deshalb zeigen, weil sie das Gefühl haben, dass sie etwas nicht mehr tun dürfen. Dieses nicht-mehr-Tun-dürfen wird als Verlust der Freiheit interpretiert, weshalb man es erst recht tut. Wir kennen dieses Verhalten von trotzigen Kindern. Auch Erwachsene verhalten sich eben nicht immer rational, sondern sehr oft emotional.

Identität im Sprachgewand: Wenn Sprache Kleider macht

Die Widerstände gegen die Bemühungen, Sprache in eine bestimmte Richtung zu beeinflussen, haben zwei Hauptgründe. Zum einen wird die als sensibel oder korrekt bezeichnete Sprache oft als kompliziert empfunden. Menschen können zwar nachvollziehen, was „Zufußgehende" sind, aber der Begriff erscheint vielen zu konstruiert, um ihn gegen „Fußgänger" auszutauschen und so eine geschlechtsneutrale Pluralform zu gewinnen, mit der die männliche Form (das „generische Maskulin") vermieden wird, die dem Plural „Fußgänger" zugrunde liegt.

Zum anderen wehren sich Menschen gegen die Aufforderung, ihre Sprache zu verändern, weil diese nicht nur der Verständigung dient. Durch unsere Ausdrucksweise offenbaren wir etwas über uns selbst und die Gruppe, der wir uns zugehörig fühlen. Sprache ist Ausdruck von Individualität und zugleich von Zugehörigkeit. Die Aufforderung, anders zu sprechen, kann als Bevormundung und als Angriff auf die eigene Identität verstanden werden.

Sprache war schon immer ein Mittel, um den eigenen gesellschaftlichen Status und die Gruppenzugehörigkeit auszudrücken. Dies gilt auch für Gruppen, die gesellschaftlich weniger angesehen waren. Rotwelsch wurde von sozial ausgegrenzten Gruppen entwickelt und gesprochen. Es diente der Verständigung und signalisierte den Sprechern, dass sie zur gleichen Gruppe gehörten. Damit stärkten sie die gemeinsame Identität.

Philipp Hübl sieht in der sensiblen Sprache, die woke Aktivisten pflegen, weniger ein Instrument, um mehr Gerechtigkeit zu erzeugen, sondern eines, mit dem sich die Bildungseliten untereinander ihrer „eigenen Weltgewandtheit" versichern. Viele Aktivisten, die sich als Stimme der verschiedenen marginalisierten Gruppen im Diskurs engagieren und ihre Meinungen gesellschaftlich durchsetzen möchten, gehören zu diesen Bildungseliten. Sie repräsentieren selten die gesamte Vielfalt dieser Gruppen. Die Meinungs- und Überzeugungsvielfalt innerhalb der verschiedenen Gruppen, sei es bei Migranten, Muslimen, Frauen oder Mitgliedern der LGTBQ-Community, ist wesentlich breiter, als es ihre woken Fürsprecher die Mehrheitsgesellschaft glauben machen möchten.

Es kann vorkommen, dass woke Aktivisten, die behaupten, für die gesamte Gruppe zu sprechen, andere Gruppenmitglieder, die eine nicht-woke Sichtweise vertreten, aus dem Diskurs ausschließen. Schwarzen Amerikanern, die bezweifeln, dass die Misere der schwarzen Unterschicht ausschließlich auf strukturellen Rassismus zurückzuführen ist, wird unterstellt, dass sie keine echten Schwarzen seien. Frauen, die die schlechtere ökonomische Situation von Frauen nicht ausschließlich auf Diskriminierung durch Männer zurückführen, gelten als Erfüllungsgehilfinnen männlichen Machtstrebens. Muslime, die sich kritisch mit der Ideologie des politischen Islam beschäftigen und auf demokratiefeindliche Überzeugungen in Teilen der muslimischen Community hinweisen, werden von woken Aktivisten der Islamophobie beschuldigt. Ein libanesischstämmiger Museumsdirektor in Deutschland wird, wie wir im Eingangsbeispiel gesehen haben, als „Weißer" und als „Araber mit weißer Haut" beschimpft, weil er sich als arabischstämmiger Mensch in den Augen der Aktivisten nicht ausreichend mit der Sache der Palästinenser solidarisiert hat.

Wenn die Sprechpause Unruhe stiftet

Kaum ein Thema im Kampf gegen Diskriminierung und für eine gerechte Gesellschaft erhitzt die Gemüter so sehr wie das Gendern. Dabei teilen die meisten Menschen das Anliegen, Frauen nicht zu diskriminieren. Beim dritten Geschlecht, „divers", das man in Deutschland seit 2018 ins Personenstandsregister eintragen kann, nimmt die Zustimmung ab. Beim Gendern geht es um das Gendersternchen, den Doppelpunkt im Wort oder binäre Formen wie das Binnen-I, nicht um die Verwendung beider Geschlechterformen.

Wenn Menschen nur die männliche Form hören, denken sie tatsächlich häufiger nur an Männer. Allerdings tritt ein ähnlicher Effekt auch in Sprachen auf, die keine Geschlechter kennen. Es kann also sein, dass man bei „Softwareentwickler" oder „Ingenieur" nicht wegen der sprachlichen Form primär an Männer denkt, sondern weil diese Berufe statistisch gesehen überwiegend von Männern ausgeübt werden. Unsere Lebensrealität prägt unsere Vorstellungen. Dies spricht aber nicht dagegen, beispielsweise Stellenausschreibungen geschlechtsneutral zu gestalten, da das von den Betroffenen als direkte Ansprache verstanden wird.

Die Befürworter des Genderns, in Deutschland etwa 25 Prozent, sind davon überzeugt, dass sich durch eine Veränderung der Sprache das Bewusstsein und damit die Realität verändern lässt. Wer die richtige grammatikalische Form verwendet, schafft eine neue, diskriminierungsfreie Realität, was für das Gegenteil genauso gilt. Wer nicht gendert, ist nicht nur ignorant, sondern kreiert eine diskriminierende Realität. Die entscheidende Frage ist nur, ob diese Theorie in dieser Absolutheit so zutrifft und ob die Schlussfolgerung, wer nicht gendere, diskriminiere Frauen und Diverse, zwangsläufig stimmt.

Manche Gegner des Genderns glauben einfach nicht, dass Sprache so wirkmächtig ist, dass sie allein die Realität verändern könne. Andere wiederum sind davon überzeugt, dass das generische Maskulinum im Deutschen keine exklusive, sondern sprachlich gesehen eine inklusive Funktion habe. Auf gut Deutsch: die männliche Form meint nicht nur Männer, sondern immer alle Menschen. Andere sind davon überzeugt, dass systemische Veränderungen eher zu einer Verhaltensänderung führen als die Sprechpause im Wort, das Gendersternchen, der Doppelpunkt im Wort oder das Binnen-I. Andere finden, dass sich dadurch die Sprache verkompliziert.

Die meisten möchten einfach so reden, wie sie es gewohnt sind, weil wir Menschen Gewohnheitstiere sind. Die Begeisterung für Veränderung und Neuerungen teilt psychologisch betrachtet nur eine kleine Gruppe der Menschen. Achtzig Prozent bevorzugen das Vertraute und Bekannte.

Durch Druck werden diese Menschen nicht unbedingt mehr Sympathien für dieses Anliegen aufbringen. Die Verabsolutierung der Methode des Genderns als Kriterium, ob Menschen für oder gegen die Frauenemanzipation sind, ist ein Beispiel für das Phänomen des Moralisierens. Es wird so getan, als gäbe es bei einem Problem bzw. Thema nur eine einzig zulässige, sprich moralisch akzeptable Haltung. Wer diese Haltung nicht teilt, hat somit nicht einfach eine andere Meinung oder Ansicht, sondern handelt unmoralisch. Es wird eine moralisch verwerfliche Intention unterstellt. Nicht zu gendern, wird als ein vorsätzliches Tun verstanden, um Frauen zu diskriminieren. Doch diese Schlussfolgerung ist so nicht zulässig.

Ich mache mir die Welt, wie sie mir gefällt

Mit der sensiblen Sprache und dem Gendern haben wir zwei bekannte Methoden im woken Kampf für eine bessere Gesellschaft, die als „Moralisierungsstrategien" bezeichnet werden können. Doch damit ist das methodische Arsenal noch nicht erschöpft.

Eine der verbreitetsten Methoden ist die Zensur. Diese ist nicht auf das progressive woke Lager beschränkt. Besonders in Amerika zeigen reaktionäre Kräfte eine echte Leidenschaft, Bücher und Aufführungen usw., in denen es um sexuelle Selbstbestimmung geht, mit dem Bannstrahl der Verdammung zu belegen und diese aus Bibliotheken entfernen zu lassen oder ihre Aufführungen zu unterbinden. Die Begründung geht interessanterweise in eine ganz ähnliche Richtung wie bei den Woken: Sie fühlen sich in ihren Werten verletzt. Die beanstandeten Werke gelten als unmoralisch, weshalb sie vernichtet oder zumindest aus dem Verkehr gezogen werden müssen.

Während der Triggerpunkt reaktionärer Gruppen vor allem im Bereich der von der heterosexuellen Norm abweichenden Sexualität liegt, sind die progressiven Triggerpunkte, die zu Zensurbestrebungen führen, weitergestreut. Sie betreffen mehr oder weniger alles, wodurch sich ein empfindsamer Mensch verletzt fühlen könnte. Es werden neue Dinge als verletzend bewertet, und neue Gruppen von Menschen als Geschädigte ausgemacht, die aufgrund ihrer Verletzlichkeit besonders geschützt werden müssen, wie der Psychologe Nick Haslam in seinen Studien gezeigt hat.

Um Verletzliche zu schützen, versuchen woke Aktivisten alles, was nicht ihren Kriterien von diskriminierungsfrei entspricht, aus dem Diskursraum auszuschließen. Das betrifft Meinungen und Haltungen, sowie deren Darstellung und Verbreitung in der Öffentlichkeit, inklusive der Personen, die sie darstellen oder verbreiten. Das Interessante an diesem Vorgehen ist, dass es, anders als man vermuten könnte, seltener politische Gegner des äußersten rechten Randes trifft, sondern Menschen, die sich selbst eher als links-liberal oder politisch in der Mitte stehend verstehen.

Besonders problematisch wird dieses Ausschlussverfahren, wenn es gegen Fakten gerichtet ist. Denn auch Fakten können von Menschen als diskriminierend oder verletzend empfunden werden. In der Body-Positivity-Bewegung gibt es mittlerweile Aktivisten, die eine kritische Bewertung von Übergewicht für diskriminierend halten. Ihrer Ansicht nach wurzelt die Kritik an Übergewicht in Schönheitsidealen einer Gesellschaft, die von Männern geprägt ist. Aus diesem Grund fordern sie, diese Schönheitsideale zu dekonstruieren.

Die Bewertung der menschlichen Figur ist aber nicht nur eine Sache der Ästhetik, sondern es gibt eine Vielzahl medizinischer Gründe, starkes Übergewicht kritisch zu sehen und deshalb zu vermeiden. Dennoch gelten einigen Body-Positivity-Aktivisten medizinische Fakten nur als Ausdruck einer sozialen Konstruiertheit. Der Hinweis, dass mit Übergewicht statistisch betrachtet Diabetes, Bluthochdruck, Herzkreislauferkrankungen und eine verkürzte Lebenszeit einhergehen, demonstriert in ihren Augen nur, wie sehr die Schulmedizin von männlichen Sichtweisen beeinflusst ist.

Transaktivisten wiederum werten die Aussage, dass es biologisch gesehen nur zwei Geschlechter gibt, als transphob. Wer diese Position vertritt, muss daher geächtet und aus dem Diskursraum verbannt werden. Aus einem berechtigten Anliegen, transsexuelle Menschen vor Diskriminierung und Abwertung zu schützen, wird ein Kampf gegen alles und jeden, der die von Aktivisten selbstdefinierten Kriterien von Diskriminierung überschreitet.

Diskursraum wegen Meinungsverschiedenheiten geschlossen

Wie die Methode funktioniert, mit der Aktivisten gegen diejenigen, die nicht ihre Meinung teilen, vorgehen, hat die ihrerseits angefeindete Islamwissenschaftlerin Susanne Schröter in ihrem Buch *Der neue Kulturkampf* dargestellt.

Gibt es einen konkreten Anlass zur Empörung, erfolge als erstes, so Schröter, in Verlautbarungen das Bekenntnis zu den Werten, für die man kämpfe: Diversität, Antirassismus, Antidiskriminierung. Allerdings sind es die woken Aktivisten, die bewerten, was als rassistisch, islamophob, sexistisch, homophob, transfeindlich usw. gilt. Sie bestimmen, welche Aussagen, Haltungen und Taten den Tatbestand erfüllen. Über die Kriterien wird nicht diskutiert.

In einem zweiten Schritt würden dann Diffamierungen wieder aufgegriffen, mit denen diejenigen, die nicht den woken Definitionen folgen, bereits im Vorfeld unabhängig vom konkreten Anlass überzogen wurden. Diese Vorwürfe seien jetzt, durch die angekreidete Handlung oder Äußerung der beschuldigten Person, bewiesen. Im Fall von Susanne Schröter, die Aktivisten schon länger als islamophob bezeichnen, war dieser Beweis die Ausrichtung einer Tagung, die als antiislamisch bewertet wurde.

Der vermeintliche Beleg für die Wahrheit der Anschuldigung besteht also in der Behauptung selbst (da die Kriterien selbst festgelegt werden) und in der Stimmigkeit der Behauptung mit dem bereits bestehenden Urteil über diese Person, die sich schon in der Vergangenheit durch ihre andere Sichtweise (z. B. dadurch, dass sie sich nicht essentialistisch-identitätspolitischen Positionen verpflichtet fühlt) entsprechend verdächtig gemacht habe. Im Fall von Schröter ist ihre Handlung – eine Tagung zu veranstalten, die Aktivisten als islamophob bezeichnen – für die Aktivisten der Beleg, dass Schröter islamophob ist. Und ein Diskurs mit einmal so diffamierten Personen gilt als absolutes Non-Go, so Schröter.

Dies trifft Menschen wie Seyran Ateş, die Begründerin der liberalen Ibn-Rushed-Moschee in Berlin, die diese nach Bedrohungen durch Islamisten aus Sicherheitsgründen schloss. Oder Ahmad Mansur, der immer wieder darauf verweist, dass in Teilen der muslimischen Gemeinschaft Gewalt in der Erziehung als legitime Methode betrachtet wird. Er wird von linken Aktivisten z. T. als Nazi und islamophob beschimpft, weil er nach den Silvesterkrawallen 2022/23 in Berlin forderte, auch über die Herkunft und Sozialisation der vorwiegend arabischstämmigen Jugendlichen zu sprechen.

Diskursraum wegen nicht
legitimierter Teilnehmer geschlossen

Der Diskursraum kann aber nicht nur für Teilnehmer geschlossen werden, die sich aus woker Perspektive moralisch disqualifiziert haben. Es ist möglich, dass bestimmte Personengruppen gar nicht erst zugelassen werden, weil sie als privilegiert angesehen werden. Besonders betroffen sind die sprichwörtlichen weißen alten Männer und generell Mitglieder der Mehrheitsgesellschaft. Der Status des Sprechers entscheidet im woken Diskurs darüber, wer sprechen darf und wer nicht. Diese Vorgehensweise hängt mit dem besonderen Status des Opfers zusammen, um den es im vorletzten Kapitel ging.

Die Sichtweise von Betroffenen hat Deutungshoheit. Kritik daran wird als Versuch gesehen, die eigenen Privilegien zu sichern. Deshalb wird die Kritik als unmoralisch und unsensibel bewertet und abgewehrt. Das ist eine klassische Moralisierungsstrategie. Kritik kann ungerechtfertigt sein, nur muss gezeigt werden, wieso das der Fall ist. Dazu braucht es Argumente und keine Ausschlusskriterien. Der Fall von Rebecca Tuvel ist ein anschauliches Beispiel für die woke Strategie des Diskursausschlusses.

Die Philosophin veröffentlichte 2017 einen Artikel in der feministischen Zeitschrift *Hypatia*. Darin verglich sie transsexuelle und „transrassische" Identitäten. Tuvel war durch zwei Ereignisse auf das Thema gekommen. 2015 wurde bekannt, dass die Bürgerrechtsaktivistin Rachel Dolezal, die eine führende Rolle in der NAACP (National Association for the Advancement of Colored People) inne hatte, von weißen Eltern abstammt. Sie selbst identifizierte sich jedoch als schwarz. Kurz zuvor hatte US-Promi Caitlyn Jenner ihre Transsexualität öffentlich gemacht. Jenner erhielt für diesen Schritt viel Zustimmung. Dolezal hingegen wurde massiv kritisiert und angefeindet, da sie sich als privilegierte weiße Person die Identität einer marginalisierten Gruppe angeeignet hatte.

Dieser unterschiedliche Umgang mit zwei Menschen, die ihre angeborene Identität änderten oder ändern wollten, führte zu Tuvels Überlegungen. – Es ist eine der Aufgaben der Philosophie nach Gründen zu suchen, die für oder gegen ein Tun sprechen. – Tuvel fragte sich, ob es nicht auch moralisch legitim sei, die ethnische Zugehörigkeit zu wechseln. Dabei erkannte sie an, dass es Unterschiede zwischen Geschlecht und Rasse gibt. Dennoch argumentierte sie, dass einige ethische und philosophische Prinzipien, die zur Akzeptanz von Transsexualität führen, auch auf den Wechsel der ethnischen Zugehörigkeit angewendet werden könnten.

Der Artikel löse heftigen Protest in progressiven akademischen und aktivistischen Kreisen aus. 800 Personen unterzeichneten einen offenen Brief, in dem sie den Rückzug des Artikels forderten. Obwohl Tuvels Arbeit aus einer akademischen und philosophischen Perspektive verfasst war, erntete sie dafür scharfe Kritik. Kritiker warfen ihr vor, die Erfahrungen und Kämpfe von Trans- und BIPOC-Gemeinschaften (Black, Indigenous, and People of Color) zu ignorieren. Ferner sei ihr Beitrag gewalttätig und verletzend. Zudem bemängelten sie, dass Tuvel die Mitglieder dieser Gemeinschaften in ihren Argumentationen nicht ausreichend berücksichtigt habe. Der entscheidende Vorwurf lautete: Sie habe als weiße Frau keine Legitimation, über dieses Thema zu forschen und zu sprechen. Dieses Recht haben nur Betroffene.

Wenn statt Argumenten Gruppenzugehörigkeiten zum entscheidenden Kriterium werden, was als fundierte Äußerung über ein bestimmtes Thema gilt, dann ist es verständlich, dass nur noch Betroffene zu Wort kommen sollen. Wissenschaftlich betrachtet gibt es aber keinen Hinweis dafür, dass Betroffene einen Sachverhalt besser oder umfassender analysieren als Nicht-Betroffene, die Argumente wissenschaftlich abwägen.

Interessanterweise fand die Strategie, andere als nicht diskurswürdig zu betrachten, weil sie zu einer bestimmten Gruppe gehören, bislang eher Einsatz bei Gruppen, die emanzipatorische Entwicklungen verhindern wollten. Weiße Männer mussten sich lange Zeit nicht mit den Gedanken und Meinungen von Schwarzen oder Frauen auseinandersetzen, da diese Gruppen als nicht diskurswürdig galten. Man hielt sie für geistig minderbemittelt. Die Überzeugung lautete: Eine Frau oder ein Schwarzer können von Haus aus aufgrund ihres Schwarzseins oder Frauseins keinen klugen Gedanken äußern. Deshalb musste man ihre Gedanken oder Argumente weder diskutieren noch rational widerlegen. Die Zugehörigkeit des

Sprechers oder der Sprecherin zu einer dieser Gruppen (oder gar zu beiden) disqualifizierte die Person und damit ihre Sichtweisen.

Heute nutzen Aktivisten diese Strategie, um der Perspektive der Opfer Vorrang im Diskurs zu verschaffen. Das Opfer von Diskriminierung gilt als sakrosankt und gut. Wer dessen Sichtweise hinterfragt, macht sich eines Sakrilegs schuldig und offenbart damit seine moralisch verwerfliche Haltung. Neben dem Problem, dass Betroffenheit kein Kriterium dafür ist, dass Menschen ein Thema besser oder umfassender darstellen, bietet man auch Menschen mit einem narzisstischen Persönlichkeitsprofil eine Bühne. Sie haben großes Interesse daran, als Opfer wahrgenommen zu werden, weil damit Anerkennung und Aufmerksamkeit verbunden sind. Dass Opfer nicht immer besser über ein Thema urteilen als Nicht-Betroffene bedeutet natürlich nicht, dass ihre Sichtweise nicht einer besonderen Beachtung verdient. Nur hilft es nicht, das begangene Unrecht, das im Ignorieren der Betroffenenperspektive bestand, dadurch wiedergutzumachen, dass man keine andere Sichtweise mehr zulässt.

Mit Quoten zur gerechten Gesellschaft:
Fairness per Dekret?

Die Forderung nach Einführung von Quoten ist ein zentrales Anliegen vieler Aktivisten, die sich für Gleichberechtigung einsetzen. Insbesondere in den Vereinigten Staaten erfreut sich diese Idee großer Beliebtheit, um benachteiligten Gruppen zu mehr Chancengleichheit zu verhelfen. Quoten sollen den Weg in eine bessere Zukunft ebnen. Diese Form der Unterstützung wird als „positive Diskriminierung" bezeichnet. Doch selbst unter den potenziell Begünstigten stößt diese Maßnahme nicht immer auf Zustimmung.

Im Jahr 2020 stimmte die Mehrheit der Bevölkerung Kaliforniens bei einem Volksentscheid gegen den sogenannten „Affirmation Act", der es staatlichen Institutionen wieder „positive Diskriminierung" erlauben sollte, also bei Entscheidungen die ethnische oder nationale Herkunft sowie das Geschlecht als einen Faktor zugunsten der jeweiligen Person zu berücksichtigen. Schon 1996 hatte eine Mehrheit in einer ähnlichen Volksabstimmung positive Diskriminierung abgelehnt und die bis dahin bestehende Praxis beendet. Der Grund, weshalb es seither immer wieder Versuche gab, durch Volksabstimmungen die sogenannte „positive Diskriminierung" staatlicherseits zu ermöglichen, liegt darin, dass die Verfassung Kaliforniens eine Ungleichbehandlung aufgrund von Rasse oder Religion verbietet. Was ursprünglich formuliert wurde, um Minderheiten vor Diskriminierung zu schützen, verhindert nun, sie mittels positiver Diskriminierung aktiv zu fördern. Die Volksabstimmung 2020 war ein Versuch, eine entsprechende Verfassungsänderung zu ermöglichen.

Vor allem an verschiedenen amerikanischen Universitäten anderer Bundesstaaten führte die Anwendung des „Affirmation Acts" zu heftigen Kontroversen. Die Befürworter sehen in ihm ein Mittel, um die Vielfalt der amerikanischen Gesellschaft auch in höheren Berufen widerzuspiegeln. Schwarze und Hispanics sind in solchen Positionen unterrepräsentiert. Die Gegner sehen in dieser Maßnahme eine Ungerechtigkeit, da sie besser Qualifizierte benachteiligen kann.

Der Versuch, durch Quoten eine größere Ergebnisgleichheit zu erzielen, wird von der Mehrheit der Bevölkerung eher kritisch betrachtet, weil die Leistungsgerechtigkeit der Ergebnisgleichheit gegenüber das Nachsehen hat. Woke Aktivisten hingegen sehen diese Ungleichheit als Notwendigkeit, da in ihrem Verständnis nur so die Gesellschaft gerechter wird. Das Gerechtigkeitsverständnis, das dem „Affirmation Act" zugrunde liegt, zielt auf eine größere Ergebnisgleichheit. Es soll eine Situation erreicht werden, in der alle gesellschaftlichen Gruppen in etwa gleichem Maße repräsentiert sind. Diesem Ziel stimmen viele Menschen sogar zu, dennoch halten sie das Mittel, den Affirmation Act, für ungerecht, insbesondere wenn er bei der Zulassung zum Studium zum Einsatz kommt.

Ein Bewerber erfährt damit nämlich aufgrund angeborener Merkmale eine Unterstützung, ohne dass geprüft wird, ob individuell tatsächlich eine Benachteiligung vorliegt. So kann eine junge Schwarze, deren Eltern gut situierte Akademiker sind und die selbst eine gute Schulausbildung erhalten hat, mit weniger Punkten die Unizulassung bekommen, weil sie schwarz ist, während eine weiße Studentin aus einer Unterschichtfamilie mit einer höheren Punktzahl abgelehnt wird.

Eine wichtige Kompetenz, die für ein Studium an einer Elite-Uni wichtig ist, wird durch einen anderen Wert (gleiche Verteilung der Studienplätze) ersetzt, der nicht unmittelbar mit der Studierfähigkeit in Verbindung steht. Viele finden aber, dass für die Zulassung an Eliteuniversitäten in erster Linie Intelligenz und Leistungsbereitschaft ausschlaggebend sein sollten. (Dass dies in der Realität nicht immer der Fall ist, ist ein anderes Problem.) Die Aufgabe von Universitäten wird von vielen primär darin gesehen, exzellente Bildung zu vermitteln, und nicht die gesellschaftliche Vielfalt abzubilden. Dieses Ziel soll durch andere Maßnahmen erreicht werden, die bereits in frühen Lebensphasen ansetzen und für eine größere Chancengerechtigkeit sorgen sollen.

Chancengerechtigkeit bedeutet, dass alle Menschen ähnliche Ausgangsbedingungen haben, auch wenn die Ergebnisse unterschiedlich ausfallen können. Kinder sollen unabhängig von ihrer Gruppenzugehörigkeit gleiche Chancen bekommen, damit die talentiertesten, unabhängig von ethnischen Merkmalen, an den besten Universitäten studieren können, so der Wunsch.

Studien zum Thema Gerechtigkeit zeigen, dass die Mehrheit der Menschen in westlichen Gesellschaften Gerechtigkeit nicht durch absolute Gleichheit, sondern durch Fairness verwirklicht sieht. Anders bei woken Aktivisten: Sie halten eine Gesellschaft für gerecht, wenn absolute Gleichheit herrscht. Diese Form der Gleichheit wird von der Mehrzahl der Menschen jedoch als ungerecht empfunden, wenn dabei Werte wie

Anstrengung, Leistungsbereitschaft, Durchhaltevermögen und Talent vernachlässigt werden. In den USA steht die Idee der Ergebnisgleichheit zudem in Konflikt mit dem tiefsitzenden Glauben an Leistungsgerechtigkeit. Der gesellschaftliche Mythos besagt, dass jeder es, unabhängig von seiner Ausgangslage, vom Tellerwäscher zum Millionär schaffen kann, auch wenn die Realität oft eine andere Sprache spricht.

In Deutschland erklang von Aktivisten immer wieder der Ruf, eine Quote für Menschen mit Migrationshintergrund für Stellen beim Staat einzuführen. Das Argument lautet, wenn 25 Prozent der Bevölkerung einen Migrationshintergrund haben, dann sollte diese Gruppe auch in ähnlicher Weise im öffentlichen Dienst repräsentiert sein. Dazu sollen Stellen so lange bevorzugt mit Menschen mit Migrationshintergrund (bei gleicher Qualifikation) vergeben werden, bis ihr Anteil dem in der Gesellschaft entspricht.

Aus verfassungsrechtlichen Gründen ist dieses Anliegen in Deutschland nicht durchsetzbar. Im Grundgesetz heißt es in Artikel 3 Absatz 3, niemand dürfe aufgrund seiner Abstammung oder Herkunft bevorzugt oder benachteiligt werden. Die Frauenquote hingegen ist mit Artikel 3 Absatz 2 des Grundgesetzes zu rechtfertigen, da der Staat verpflichtet ist, die Gleichberechtigung von Männern und Frauen zu fördern.

Ähnlich wie in Amerika lehnt auch in Deutschland die Mehrheit die positive Diskriminierung ab, die darauf abzielt, die Gesellschaft gerechter zu gestalten und eine annähernd gleichberechtigte Vertretung aller gesellschaftlichen Gruppen zu erreichen. Lediglich die Frauenquote wird von knapp 60 Prozent der Deutschen befürwortet.

Bei Quoten kollidieren letztlich immer verschiedene Gerechtigkeits- und Gleichheitsverständnisse miteinander: Ergebnisgleichheit, Chancengleichheit und Chancengerechtigkeit sowie Leistungsgerechtigkeit. Wenn die Chancengleichheit und Chancengerechtigkeit so gestaltet sind, dass Leistungsgerechtigkeit Berücksichtigung findet, steigt die Akzeptanz. Bleibt sie außen vor, schwindet die Zustimmung. Eine radikale Ergebnisgleichheit, bei der die Leistungsgerechtigkeit verletzt wird, stößt auf den größten Widerstand.

Wenn bei zwei gleich Qualifizierten derjenige genommen wird, der zu einer marginalisierten Gruppe zählt, wird dies eher akzeptiert, als wenn die ethnische Abstammung zum ausschlaggebenden Kriterium wird, obwohl der andere Kandidat die bessere fachliche Qualifikation vorweisen kann.

Letzteres wurde im amerikanischen Hochschulsystem z. T. so praktiziert. Die Zulassung speiste sich aus einem Punktesystem, bei der die ethnische Abstammung mit einer bestimmten Punkteanzahl berücksichtigt wurde. Dies konnte zu der im Beispiel beschriebenen Situation führen, dass eine weiße Studentin aus einer Unterschichtsfamilie mit besseren Leistungen einen Studienplatz nicht erhielt, da eine Mitbewerberin aus einer ethnischen Minderheit vorgezogen wurde. Diese erhielt (Ausgleichs-)Punkte für die Zugehörigkeit zu einer marginalisierten Gruppe, auch wenn sie diese individuell aufgrund ihres familiären Hintergrundes nicht benötigt hätte.

Immer mehr vom Immergleichen, bis es wirkt: Oder warum Aktivisten an wirkungslosen Methoden festhalten

In letzter Zeit entzündet sich vermehrt Kritik am woken Denken und dem damit verbundenen Menschenbild und Gesellschaftsverständnis. Diese Kritik betrifft insbesondere die Erklärungen zum Ursprung sozialer Ungleichheit und die Methoden, um diese zu beseitigen. Aus woker Sicht demonstrieren die verschiedenen Theorien ganz klar, dass alle Formen der gesellschaftlichen Schlechterstellung marginalisierter Gruppen in einer Diskriminierung durch die Mehrheitsgesellschaft wurzeln.

In Amerika, wo der Fokus primär auf der Rassenungleichheit liegt, gilt der strukturelle Rassismus, der alle nichtweißen Menschen diskriminiert, als die zentrale Ursache und das grundlegende Problem für Ungleichheit. Das Problem an dieser Erzählung ist nur, dass sie offensichtlich falsch ist, weil zu viele Fakten dadurch nicht erklärt werden können (dazu oben).

Helen Pluckrose und James Lindsay zeigen in ihrem Buch *Zynische Theorien* die methodischen Schwächen vieler Theorien aus dem Bereich der Critical Studies. Eine kritische Auseinandersetzung mit diesen Theorien wird von ihren Vertretern jedoch nur als Beweis dafür gesehen, dass sie mit ihrer Kritik an den diskriminierenden gesellschaftlichen Strukturen Recht haben. Ansonsten würden ihre Theorien nicht kritisiert. Ein ähnliches Verhalten lässt sich bei Verschwörungstheoretikern erkennen, die jedes Argument gegen ihre Theorie als Beleg für deren Stimmigkeit interpretieren.

Kennzeichnend für die meisten der sogenannten Kritischen Theorien ist der Verzicht, ja die bewusste Ablehnung von objektiven Bewertungskriterien zur Bestimmung, was ein Unrecht ausmacht. Stattdessen fokussieren sie sich auf die Gefühle und Empfindungen der Opfer – und zwar derjenigen Opfer, die von den Gesellschaftsaktivisten als solche anerkannt werden. Nicht alle Opfer bekommen diesen Status zugesprochen. Die zivilen israelischen Opfer des 7. Oktober, die extreme Grausamkeiten und sexuelle Gewalt durch die Hamas erfuhren, gelten vielen nicht als Opfer.

Es sind aber nicht nur Theorien aus dem Bereich der postkolonialen Studien, die durch eine eigenwillige Betrachtung der Realität zu einer kritischen Hinterfragung einladen. Ideen wie die Mikroaggressionstheorie, auf der viele Antidiskriminierungstrainings basieren, können wissenschaftlichen Kriterien nicht standhalten. Das näher auszuführen, ist hier nicht der Raum, aber ich bin in meinem Buch *Grenzwertig* ausführlicher darauf eingegangen. Obwohl die meisten aus solchen Theorien abgeleiteten Strategien nicht annähernd das bewirken, was versprochen wird, werden sie im Kampf gegen Intoleranz, Diskriminierung und für eine gerechtere Gesellschaft als alternativlos gesehen. Wenn mit einer bestimmten Methode nicht der intendierte Erfolg erzielt wird und sie dennoch immer weiter propagiert wird, stellt sich natürlich die Frage, warum dies der Fall ist. Meines Erachtens sind es psychologische und ökonomische Gründe, die dazu führen, dass Aktivisten immer weiter machen.

Einmal hat es mit der Energie zu tun, die bereits investiert wurde. Wenn wir schon viele Ressourcen für etwas eingesetzt haben, wäre mit einem Abbruch alles, was wir bereits investiert haben, verloren – das fühlt sich sehr schlecht an. Deshalb verschließen wir schnell die Augen vor dieser Tatsache und machen einfach weiter. Dieses Vorgehen ist nicht auf woken Aktivismus begrenzt. Ob individuell oder auf der politischen Ebene: Bereits investierte Anstrengungen und Ressourcen führen dazu, dass auch ein Projekt, das zu scheitern droht, selten beendet wird. Stattdessen wird die Anstrengung gesteigert. Man nennt das „Pfadabhängigkeit".

Die ökonomische Seite spielt ebenfalls eine nicht zu vernachlässigende Rolle. Antidiskriminierungstrainings sind besonders in der englischsprachigen Welt ein gut gehender Wirtschaftszweig, der den Anbietern ein recht erträgliches Einkommen garantiert. Kaum jemand sägt freiwillig den Ast ab, auf dem er sitzt. Und der ausbleibende Erfolg, der sich darin zeigt, dass sich die Situation nicht wesentlich oder nachhaltig verändert, wird eher als Grund gesehen noch mehr Programme zu starten, als die Frage zu stellen, ob die Situationsanalyse stimmt.

Ein weiterer Grund, weshalb es immer mehr vom Immergleichen gibt, wurde bereits angesprochen. Die Methoden dienen nicht immer dem Anliegen, eine Lösung für reale Problemen zu finden, sondern sie ermöglichen es, sich als moralische Person zu qualifizieren. Der woke Kampf für eine bessere Welt ist auch ein Statusspiel, das dazu dient, soziales Prestige zu erwerben. Dies gelingt, indem man Einsatz zeigt. Obwohl ich überzeugt bin, dass viele Aktivisten wirklich glauben, die

Welt durch ihr Handeln zu verbessern, spielt der Erwerb von sozialem Ansehen eine nicht zu vernachlässigende Rolle. Dies zeigt sich in der intoleranten Art, mit der jene behandelt werden, die gegen die engen und rigorosen woken Spielregeln verstoßen. Sie werden als moralisch minderwertige Menschen abgestempelt. Im Gegensatz zu diesen vermeintlich schlechten Menschen strahlt dann die eigene moralische Tugend umso heller.

Alles wird schlechter: Der woke Fehlschluss

Der woke Fehlschluss besteht darin, anzunehmen, dass jeder, der die woken Methoden ablehnt, gegen Gleichberechtigung und für Diskriminierung sei. Und weil immer mehr als diskriminierend bewertet wird, führt dies zur Überzeugung, dass die Situation immer schlechter wird. Deshalb müssen die Anstrengungen im Kampf gegen das, was als Diskriminierung definiert wurde, verstärkt werden.

Realiter sind westliche Gesellschaften im Lauf der letzten 150 Jahre liberaler und toleranter geworden. Die Zahl der marginalisierten und ausgegrenzten Gruppen, die gesellschaftlich diskriminiert wurden, ist kontinuierlich kleiner geworden. Philipp Hübl verweist in seinem Buch *Moralspektakel* auf zahlreiche Studien, die zeigen, dass global betrachtet der Anteil an Menschen, die rassistische Vorurteile teilen, in den modernen westlichen Staaten am geringsten ist. Die Menschen dort sind weniger tribalistisch, streben nach Autonomie, sind offener für Neues, präferieren moralisch gesehen universalistische Konzepte, lehnen Vetternwirtschaft stärker ab, vertrauen Fremden mehr und kooperieren stärker mit ihnen. Dass es eine Minderheit gibt, die aus unterschiedlichen Gründen keine universalistischen Werte vertritt, ethnozentrisch und ausgrenzend handelt, heißt nicht, dass die ganze Gesellschaft so agiert.

Doch wieso beharren Teile des progressiven Lagers darauf, dass moderne Gesellschaften in weiten Teilen immer intoleranter werden und ein Hort von Gewalt, Rassismus, Sexismus und anderer Formen von Diskriminierung seien? Es sind mehrere Faktoren, die dafür verantwortlich sind und die z. T. schon beleuchtet wurden, wie z. B. die kontinuierliche Verfeinerung der Kriterien zur Bewertung von Diskriminierung.

Dazu kommt die verstärkte mediale Berichterstattung. Je öfter über ein Thema berichtet wird, desto größer ist die Aufmerksamkeit. Im Kontext von Diskriminierung bedeutet dies, je mehr über Diskriminierung berichtet wird, desto mehr entsteht der Eindruck, dass sie zugenommen hat. Das heißt nicht, dass Diskriminierung ein mediales Phänomen ist, aber es hilft zu verstehen, weshalb sich die Wahrnehmung von den Fakten unterscheidet.

Für Medien gilt die alte Wahrheit: Nur schlechte Nachrichten sind gute Nachrichten, weil wir evolutionsbiologisch bedingt unsere Aufmerksamkeit mehr auf das Negative richten. Schlechte Nachrichten – und Diskriminierung fällt darunter – erzielen mehr Resonanz. Was mehr Resonanz erzielt, ist präsenter. Begriffe wie Rassismus, Sexismus, Homophobie, Transphobie, Antisemitismus tauchen seit den 2010er Jahren in wissenschaftlichen Artikeln und Medienbeiträgen gehäuft auf.

Es entsteht der Eindruck, diese Phänomene würden nun vermehrt auftreten. Am Beispiel von Homosexualität kann man aber sehr deutlich zeigen, wie sich innerhalb eines relativ kurzen Zeitfensters von 50 Jahren, die gesellschaftliche Bewertung von einer Ablehnung, die mit einer juristischen Diskriminierung verbunden war, hin zur Akzeptanz verändert hat. Selbst bei dem heute heiß umkämpften Thema der Transsexualität ist der gesellschaftliche Konsens deutlich liberaler, als Aktivisten dies vermitteln. Dass noch einiges zu tun bleibt, soll natürlich nicht bestritten werden.

Die stärkere mediale Fokussierung auf Themen rund um geschlechtliche und ethnische Diskriminierung hat einen weiteren Hintergrund. Mittlerweile ist auf dem Arbeitsmarkt eine Generation tätig, die während ihrer Studienzeit, insbesondere in den Geistes- und Kulturwissenschaften, durch Konzepte der Kritischen Theorien geprägt wurde. Sie richten ihr Augenmerk verstärkt auf das, was sie als Diskriminierung kennengelernt haben.

Die Absolventen dieser Studiengänge finden häufig Anstellungen im Bereich der Medien, bei Kulturinstitutionen und NGOs. Sie definieren sich signifikant häufiger als links und progressiv, als es die statistische Verteilung in der Gesellschaft nahelegen würde. Diese Gruppe thematisiert Dinge, die ihr besonders am Herzen liegen. Da sie medial gut vernetzt und in den Sozialen Medien sehr aktiv ist, erfahren ihre

Themen eine größere öffentliche Aufmerksamkeit. Dies führt letztlich zu einer etwas verzerrten Wahrnehmung.

Nun könnte man argumentieren und sagen, was in einem bestimmten gesellschaftlichen Milieu diskutiert wird, kann dem Rest der Gesellschaft egal sein. Doch die Auswirkungen woken Denkens sind eben nicht mehr nur auf die Gruppe beschränkt, die sich diesen Ideen verbunden fühlt.

Wie Moralisierung die Gesellschaft verändert

Der Einfluss des Rechtspopulismus auf Gesellschaften ist in zahlreichen europäischen Ländern, in denen rechtspopulistische Bewegungen entweder an der Macht sind oder waren, gut zu erkennen. Das zeigt auch Benjamin Hindrichs im ersten Band dieser Trilogie. Für Rechtspopulisten können Menschen an der Wahlurne direkt stimmen.

Das woke Programm dagegen ist nicht direkt wählbar, auch wenn in Deutschland für die AfD und einen Teil der Bevölkerung die Grünen der Inbegriff woken Denkens sind. Historisch betrachtet waren es tatsächlich immer linke Parteien, die sich um progressive Anliegen kümmerten. Doch die Wähler dieser Parteien speisen sich eben nicht nur aus überzeugten Anhängern woken Denkens. Parteien vertreten ein ganzes Bündel von Interessen und Themen, so dass nicht alle Punkte immer von jedem Wähler mitgetragen werden. In der Regel entscheiden sich Menschen für eine Partei, weil bestimmte Themen, die ihnen wichtig sind, von genau dieser Partei besonders nachdrücklich vertreten werden. Andere Schwerpunkte nehmen sie eher in Kauf.

Dies musste vor allem die Linke bei der Europawahl 2024 schmerzlich zur Kenntnis nehmen. Es war immer nur ein kleiner Teil ihrer Wähler, die neben den sozialpolitisch linken Themen die woken Überzeugungen, insbesondere im Kontext von Migration und Antidiskriminierung, geteilt hatten. Nach dem Bruch Sahra Wagenknechts mit der Linken folgten ihr viele Linken-Wähler zum neu gegründeten BSW. Wagenknecht hatte schon länger den Einfluss woker Ideen in der Linken kritisiert.

Ähnlich verhält es sich mit den anderen linken Parteien. Nicht alle ihre Wähler sind begeistert von identitätspolitischen Ideen. Die Zustimmung dazu ist im linken Spektrum eher vom Alter abhängig. Die jüngeren Linken stehen identitätspolitischen Ideen und ihren Umsetzungen aufgeschlossener gegenüber als die älteren Linken, die stärker durch das universalistische Paradigma geprägt sind.

Es gibt aber gesellschaftliche Bereiche, in denen identitätspolitische Ideen und Überzeugungen schon fest verwurzelt sind. Besonders in kulturellen Institutionen, Universitäten, vor allem in den Geistes- und Sozialwissenschaften sowie in progressiven Medien sind diese häufig anzutreffen. Sie dominieren dort, weil überproportional viele gut gebildete und politisch progressiv denkende Menschen in diesen Bereichen aktiv sind. Ihr Engagement gegen Intoleranz und Diskriminierung beeinflusst die Inhalte und Strukturen ihrer Arbeit.

Bühne frei für die Wokeness

Progressive Theatermacher nutzen das Theater schon lange als Mittel, um das Bewusstsein für Ungerechtigkeiten zu schärfen. Bertolt Brecht schuf bereits in den 1920er Jahren mit dem epischen Theater ein Format, das darauf abzielte, soziale und politische Missstände anzuprangern und das Publikum zum Handeln zu bewegen.

Heute werden z. B. in Inszenierungen Gruppen eingebunden, die von den dargestellten Themen betroffen sind. Nach 2015 spielten verschiedene deutsche Bühnen Stücke, welche die Flüchtlingsthematik aufgriffen und in denen Geflüchtete als Darsteller auf der Bühne standen. Diese Entwicklungen sind Teil eines Trends im Bereich des angewandten Theaters, das gezielt soziale Veränderungen anstrebt.

Aktuelle Themen auf die Bühne zu bringen, Leid zu thematisieren, soziale Fragen zu behandeln, über eine gerechte Gesellschaft nachzudenken, sind aber nicht automatisch Ausdruck einer identitätspolitischen oder moralistischen, sondern zunächst einmal nur einer progressiven Gesinnung. Der identitätspolitisch moralisierende Einschlag zeigt sich eher in der Art und Weise, wie die Themen behandelt werden, und in dem, was das Publikum als Diskriminierung, Ungerechtigkeit und Benachteiligung zu bewerten hat.

Wenn Inszenierungen die Zuschauer nicht mehr dazu anregen, über Themen nachzudenken oder sich eine eigene Meinung zu bilden, sondern nur eine Deutung zulassen und das Publikum belehren, verwandelt sich Kunst in eine Form der Moralisierung. Das Publikum soll am Ende der Sichtweise und Interpretation der Kunstschaffenden zustimmen.

Der Einfluss der Identitätspolitik ist aber nicht nur am Theater spürbar. Kaum ein Kunstpreis oder eine Präsentation von Kunstwerken, seien es literarische oder bildnerisch-künstlerische Werke, kommt heute ohne Berücksichtigung des Themas Diversität aus, ob bei der Auswahl der Jury, den behandelten Inhalten oder den Künstlern selbst. In einer pluralen Gesellschaft sollte es natürlich selbstverständlich sein, dass sich die Vielschichtigkeit der Gesellschaft in der Kultur widerspiegelt. Das Problem ist nur, dass Diversität ausschließlich in der identitätspolitischen Sichtweise behandelt wird. Und diese sagt: Die Mehrheitsgesellschaft diskriminiert vorsätzlich Minderheiten. Diese Diskriminierung zeigt sich darin, dass sie im öffentlichen, sozialen und kulturellen Leben kaum präsent sind. Um diesen Missstand zu beheben, ist es notwendig, sie so lange bevorzugt zu behandeln, bis er beseitigt ist.

Dass vor allem manche ethnischen Minderheiten weniger präsent sind, weil sie in Deutschland überproportional oft im Vergleich mit der Mehrheitsgesellschaft sozio-ökonomisch und damit auch bildungsmäßig abgehängt sind – ein eigenes Problem, dem durch positive Diskriminierung nicht begegnet wird –, zählt für woke Aktivisten nicht als Begründung. Doch Arbeiterkinder aus bildungsfernen Familien beschäftigen sich seltener mit dem, was im offiziellen Kulturbetrieb als Kunst anerkannt wird – ganz unabhängig von ihrer ethnischen Herkunft. Sie haben seltener Zugang zu Institutionen, die sich mit Kunst beschäftigen, und es fehlen ihnen die hilfreichen Netzwerke.

Wenn bei der Vergabe von Auszeichnungen oder bei der Förderung von Kunst identitätspolitische Kriterien zum entscheidenden Faktor gemacht werden, stößt dies nicht überall auf Zustimmung. So beklagten Juliane Liebert und Ronya Othmann im Mai 2024 in der *Zeit*, dass der vom „Haus der Kulturen" in Berlin vergebene „Internationale Literaturpreis" nach politischen und nicht nach künstlerischen Kriterien vergeben worden sei. Beide gehörten der Jury an.

Man könnte argumentieren, dass der Wert eines Kunstwerks nie objektiv bewertet werden kann und auch in der Vergangenheit Kunstwerke höchste Auszeichnungen erhielten, die vielleicht eher auf die guten Beziehungen des Künstlers oder kulturpolitische Überlegungen zurückzuführen waren. Dennoch dienen vergangene Unstimmigkeiten selten zur Beschwichtigung in aktuellen Kontroversen.

Die beiden Sichtweisen, die aufeinanderprallen, speisen sich aus den zwei konkurrierenden Narrativen, die ich im ersten Kapitel beleuchtet habe: Universalismus und Identitätspolitik. Während das universalistische Narrativ Chancengleichheit fordert – also gleiche Chancen für alle, wobei die künstlerische Leistung entscheiden soll –, betrachtet das identitätspolitische Narrativ die Vorstellung von Chancengleichheit in einer ungleichen Gesellschaft, die bestimmte Gruppen benachteiligt, als illusorisch. Es strebt nach Ergebnisgleichheit, was bedeutet: alle gesellschaftlichen Gruppierungen sollen entsprechend ihrer Größe gleichermaßen Berücksichtigung finden. Erst dann könne man von einer gerechten Gesellschaft sprechen.

Solange eine Gruppe noch nicht ausreichend repräsentiert ist, gilt es als legitim, den Vertreter einer solchen Gruppe bevorzugt zu behandeln, auch wenn es andere qualifizierte Preisträger gibt. Dabei muss der Vertreter oder besser: der Angehörige dieser Gruppe selbst nicht unbedingt die Marginalisierungserfahrung anderer Menschen aus seiner Gruppe gemacht haben.

Campus im Aufruhr:
Vom Hort des Wissens zum Ort des Protests

In den letzten Jahren hat das identitätspolitische Engagement in verschiedenen universitären Disziplinen erheblich zugenommen. Auch wenn die Situation in den deutschsprachigen Ländern nicht mit den Verhältnissen an englischen oder amerikanischen Eliteuniversitäten vergleichbar ist, wächst hier die Zahl der Studierenden, die vehement gegen Inhalte und Personen vorgehen, die sie als diskriminierend empfinden. Die Bewertung der Inhalte als diskriminierend erfolgt anhand der Erkenntnisse und Forschungen der bereits erwähnten Kritischen Theorien.

Ein prominentes Beispiel ist die bereits genannte Frankfurter Islamwissenschaftlerin Susanne Schröter. Sie wird von Aktivisten der Islamophobie und des Rassismus bezichtigt, weil sie auf die Gefahren des politischen Islam hinweist. Ihre Warnungen werden ihr als generelle Islamfeindlichkeit ausgelegt. Aktivistische Studenten fordern ihre Entfernung aus der Universität.

Doch nicht nur inneruniversitäre Themen, sondern auch weltpolitische Ereignisse beeinflussen das Geschehen an den Hochschulen. Spätestens seit dem 7. Oktober 2023 und dem darauffolgenden Konflikt im Gazastreifen versuchen propalästinensische Aktivisten, ihre Universitäten zu einem wissenschaftlichen Boykott gegen Israel zu bewegen. Deutsche Bildungseinrichtungen sollen jegliche Zusammenarbeit mit israelischen Universitäten oder Forschungseinrichtungen sofort beenden. Israelische Stimmen sollen kein Gehör mehr finden. Zu diesem Zweck wurden Protestcamps errichtet, Hörsäle und Institute besetzt und Veranstaltungen gestört, wie die des Integrative Research Institute Law & Society der Berliner Humboldt-Universität.

Dieses lud am 8. Februar 2024 aktive und ehemalige Richter zu einer zweitägigen Konferenz ein. Unter den geladenen Gästen befand sich Daphne Barak-Erez, Professorin und Richterin am israelischen Verfassungsgericht. Antiisraelische und propalästinensische Aktivisten störten daraufhin die Paneldiskussion, an der sie teilnahm. Eine Aktivistin verlas ein längeres Statement. Als Barak-Erez im Anschluss darauf zu antworten versuchte, wurde sie mit „Stop-the-genozide"-Rufen niedergebrüllt. Sie hatte keine Chance, etwas zu sagen. Die Tatsache, dass Barak-Erez als israelische Verfassungsrichterin die Politik Netanjahus seit langem scharf kritisiert und von seiner Regierung aufgrund ihrer liberalen Haltung immer wieder angegriffen wird, spielte keine Rolle. In der schwarzweißen Weltanschauung der Aktivisten wird sie als Israelin automatisch dem Reich des Bösen zugeordnet.

Durch ihre teils aggressive Rhetorik und ihre Aktionen schaffen die Aktivisten ein Klima, in dem Andersdenkende zögern, ihre Meinung zu äußern. Jüdische Studierende fühlen sich bedroht und in Sippenhaft genommen. Der freie Austausch von Ideen, das Infragestellen von Positionen, beides Bereicherungen des wissenschaftlichen Lebens, wird dadurch verunmöglicht. Doch eine Auseinandersetzung mit dem Thema sowie das Abwägen und Prüfen von Argumenten ist nicht intendiert. Die Aktivisten sind davon überzeugt, die Wahrheit bereits gefunden zu haben.

Ein ebenso heißes Eisen ist mittlerweile alles, was mit dem Thema Gender und Transsexualität zu tun hat. 2022 wollte die Biologie-Doktorandin Marie-Luise Vollbrecht in der „Langen Nacht der Wissenschaften" an der Humboldt-Universität ein Referat halten. Es trug den Titel „Geschlecht ist nicht Geschlecht. Sex, Gender und warum es in der Biologie nur zwei Geschlechter gibt". Doch es kam nicht zum Vortrag, zumindest nicht in der besagten „Langen Nacht der Wissenschaften": Nachdem der Arbeitskreis kritischer Jurist*innen zu Protesten gegen Vollbrecht und ihren Vortrag aufgerufen hatte, hatte die Universität diesen aus Sicherheitsgründen verschoben. Der Vortrag wurde später nachgeholt.

Der Vorwurf des Arbeitskreises gegen Vollbrecht lautete, dass sie transfeindliche Positionen vertrete. Der Vorwurf zielte auf einen Artikel, den sie mit anderen zusammen in der *Welt* veröffentlicht hatte. Darin warfen die Autoren Kindersendungen von ARD und ZDF vor, Kinder zu indoktrinieren.

In den Sendungen würde eine ideologisch motivierte Agenda zu Transsexualität verbreitet, wissenschaftliche Erkenntnisse der Zweigeschlechtlichkeit infrage gestellt und Fehlinformationen über Vielgeschlechtlichkeit verbreitet. Anders, als im Fall der israelischen Verfassungsrichterin Daphne Barak-Erez, die niedergebrüllt wurde, obwohl sie progressive Positionen vertritt, deutet Vollbrechts *Welt*-Beitrag nicht darauf hin, dass sie dem progressiven Lager zuzurechnen ist. Dennoch vertritt sie Positionen, die im universitären Bereich ihren Platz haben und wissenschaftlich abgesichert sind. Wenn man die Keimzellenproduktion zugrunde legt, gibt es biologisch gesehen zwei Geschlechter. Säugetiere produzieren Ei- oder Samenzellen. Der Streitpunkt ist die Frage, ob die Keimzellenproduktion das entscheidende Kriterium ist, um das biologische Geschlecht zu definieren. Viele Biologen sagen, dass dies das entscheidende Kriterium sei. Doch sie verweisen auch darauf, dass es nicht Aufgabe der Biologie sei, Fragen rund um das Thema Geschlechtsidentität zu klären und zu beantworten.

Für den Arbeitskreis kritischer Jurist*innen stehen diese wissenschaftlich vertretbaren Positionen allerdings im Widerspruch zu ihrem Wunsch nach einer Gesellschaft, in der es mehr als nur zwei biologische Geschlechter gibt und in der Transpersonen nicht diskriminiert werden. Das Anliegen, Transpersonen nicht zu diskriminieren, ist berechtigt, doch es ist nicht legitim, dafür wissenschaftliche Positionen aus dem Diskurs zu verbannen.

In England sorgte 2021 der Fall von Kathleen Stock für großes Aufsehen. Die Philosophie-Professorin gab ihre Professur auf, nachdem sie durch Kampagnen von Transaktivisten massiv unter Druck geraten war. Stock vertrat öffentlich die Ansicht, dass das Konzept der Geschlechtsidentität nicht ausreicht, um alle relevanten Aspekte des Geschlechts zu erklären. Sie betont die Bedeutung biologischer Unterschiede zwischen den Geschlechtern und fordert, diese in politischen Entscheidungen zu berücksichtigen. Ohne biologische Geschlechtsunterschiede zu beachten, sei es schwer, systembedingte Ungleichheiten zu erkennen, die Frauen aufgrund ihres biologischen Geschlechts erfahren, so Stock.

Besonders kritisch steht sie dem Konzept der Selbstidentifikation gegenüber. Dieses erlaubt es Menschen, ihr eigenes Geschlecht unabhängig von biologischen Kriterien festzulegen. Stock sieht in der Zulassung von Transfrauen, die keine Geschlechtsangleichung vorgenommen haben, in geschützte Frauenräume wie Frauenhäuser, Saunen, Umkleidekabinen und Gefängnisse eine Gefährdung der Sicherheit von biologischen Frauen. Sie plädiert dafür, den Zugang zu solchen Räumen auf der Basis des biologischen Geschlechts und nicht der Geschlechtsidentität zu regulieren. Kritiker werfen Stock deswegen vor, die Legitimität von Transidentitäten abzulehnen und die Erfahrungen von Transmenschen herabzuwürdigen. Insbesondere ihre Betonung der biologischen Aspekte des Geschlechts wird als diskriminierend wahrgenommen.

Hinter dem Konflikt zwischen Stock und den Transaktivisten steht ein bereits länger schwelender Streit zwischen Transaktivisten und bestimmten Strömungen innerhalb des Feminismus, die als „genderkritischer" oder „transkritischer" Feminismus bezeichnet werden. Während der sogenannte Queerfeminismus Transfrauen als Frauen akzeptiert und sich für ihre Rechte einsetzt, lehnen genderkritische Feministinnen diese als Frauen ab. Auch weil genderkritische Feministinnen teilweise mit Gruppierungen aus dem rechten und fundamentalistisch-religiösen Lager Allianzen im Kampf gegen das Konzept der Selbstidentifikation eingehen, werden sie selbst und ihre Anliegen als rechts oder reaktionär bezeichnet.

Doch im Konflikt zwischen Transaktivisten und genderkritischen Feministinnen geht es weniger um progressiv versus reaktionär, sondern es prallen zwei Anliegen aufeinander: das von Transfrauen nach Anerkennung ihrer weiblichen Identität und das von biologischen Frauen nach geschützten Räumen, zu denen keine Personen Zutritt haben, die biologisch als Männer zu lesen sind. Beide Seiten betonen die Wichtigkeit des Schutzes vor Diskriminierung und Gewalt, haben jedoch unterschiedliche Auffassungen darüber, wie diese Ziele am besten erreicht werden können.

Von der Forschung zur Mission: Wenn Wissenschaftler zu Aktivisten werden

Es sind nicht nur aktivistische Studenten, die ihre Überzeugungen im akademischen Diskurs durchsetzen und das akademische Leben beeinflussen möchten. Auch die wissenschaftliche Forschung in den Geistes- und Sozialwissenschaften ist zunehmend von identitätspolitischen Überzeugungen beeinflusst. Dieser Einfluss kann dazu führen, dass Daten vorsätzlich oder unbewusst ignoriert werden, wenn sie nicht zu den eigenen Vorannahmen passen. Besonders betroffen sind Disziplinen, die sich mit marginalisierten Gruppen befassen, wie die Migrationsforschung oder die Frauen- und Genderforschung, insbesondere wenn die Forschenden sich selbst politisch links positionieren.

In diesen Bereichen überwiegen Ansätze, die gesellschaftliche Ungleichheit in erster Linie als Ausdruck einer aktiven Diskriminierung interpretieren. Fakten, die darauf hindeuten, dass Nachteile mit den Präferenzen und Entscheidungen der jeweiligen Gruppen zusammenhängen könnten, werden kritischer betrachtet als solche, die strukturelle Missstände als Ursache benennen. Philipp Hübl spricht in seinem Buch *Moralspektakel* in diesem Kontext vom egalitären Fehlschluss: Forscher lehnen faktische Ungleichheit ab, weil sie Ungleichheit moralisch ablehnen.

Der Unterschied zwischen Aktivismus und Wissenschaft liegt darin, dass Aktivismus eine klare Mission verfolgt, während Wissenschaft idealerweise einen Forschungsauftrag hat und kritisch überprüfen sollte, wie Ziele erreicht werden können oder ob bestehende Ansätze stichhaltig sind. Forschende, die sich primär als gesellschaftspolitische Aktivisten verstehen und mit ihrer Forschung zur Verbesserung der Gesellschaft beitragen möchten, laufen Gefahr, Themen einseitig zu bearbeiten. Dies hängt auch damit zusammen, dass unser Gehirn dazu neigt, Informationen zu übersehen, die nicht mit unseren Überzeugungen übereinstimmen. Es arbeitet selektiver. Das betrifft nicht nur Wissenschaftler. Sozialpsychologen konnten in Versuchen zeigen, dass Menschen, wenn sie eine gefestigte Meinung zu einem Thema haben, Gegenargumente unbewusst ausblenden und nicht zur Kenntnis nehmen.

In einer Studie erhielten Probanden einen Text zum Lesen. Dieser enthielt Argumente und Gegenargumente zu einem Thema. Egal, welche Position die Probanden vertraten, die Argumente, die im Text gegen ihre Sichtweise aufgelistet wurden, konnten sie nicht wiedergeben. Ihr Gehirn hatte die abweichenden Argumente ausgeblendet. Anders verhielt es sich mit Informationen, die ihre eigene Sichtweise bestätigte.

Eine zentrale Aufgabe der Wissenschaft besteht jedoch darin, Daten zu berücksichtigen, auch wenn sie den eigenen Erwartungen oder Überzeugungen widersprechen. Der Philosoph Tim Henning spricht in seinem Buch *Wissenschaftsfreiheit und Moral* von einem moralischen Fehlschluss, wenn vom Sollen auf das Sein geschlossen wird. Etwas nur deshalb als falsch zu bezeichnen, weil es nicht wahr sein soll, ist unwissenschaftlich.

Aktivismus in der Wissenschaft führt eher dazu, dass vorrangig Ergebnisse berücksichtigt werden, die den eigenen Überzeugungen entsprechen. Das festzustellen, bedeutet nicht, dass Wissenschaft wertfrei sein soll, wie es Max Weber einst forderte. Die Forderung an sich ist gar nicht umsetzbar, da auch Wissenschaft in Rahmenbedingungen eingelassen ist, die sie nicht selbst verantwortet, die sie aber prägen. Es geht vielmehr darum, dass die Wissenschaft bereit sein muss, vorurteilsfrei an die jeweiligen Forschungsthemen heranzugehen. Vorurteilsfrei heißt nicht nur, frei zu sein von negativen Vorüberzeugungen, sondern auch von positiven. Wissenschaft muss bereit sein, ihre Annahmen zu korrigieren, wenn die Daten dies erfordern. Wenn dies nicht geschieht und der Aktivismus überhandnimmt, wird aus Wissenschaft ein Glaubenssystem.

In Amerika ist dieser Wandel in vielen geistes- und kulturwissenschaftlichen Disziplinen bereits im Gange. Helen Pluckrose und James Lindsay haben in ihrem Buch *Zynische Theorien* die negativen Aspekte dieses Aktivismus beleuchtet. Die unter dem Stichwort der „Social-Justice-Forschung" laufenden Theorien wie Critical Race Theory, Gender Studies und Queer Theory dominieren in den geistes- und sozialwissenschaftlichen Fächern den Diskurs und verdrängen andere Perspektiven. Kritik an den eigenen Positionen wird als inakzeptabel angesehen. Klassisch wissenschaftliches Denken wird z. B. als weißes Dominanzstreben abqualifiziert, das indigene Wissensformen abwerte und Ungerechtigkeiten verdecke statt aufdecke. Die Fokussierung auf Rationalität gilt als etwas spezifisch Weißes und Männliches und wird deshalb abgelehnt.

Die Situation im deutschsprachigen Raum mag nicht mit der in Amerika vergleichbar sein, dennoch zeigen sich auch hier Auswirkungen des woken Denkens. Das zentrale Problem, das aus einer aktivistischen Wissenschaft resultiert, besteht meiner Meinung nach darin, dass das Vertrauen in die Wissenschaft schwindet, wenn Menschen das Gefühl haben, dass ihre Erfahrungen im Widerspruch zu wissenschaftlichen Erkenntnissen stehen.

Der renommierte niederländische Migrationsexperte Hein de Haas verdeutlich dies in seinem Buch *Migration. 22 populäre Mythen und was wirklich hinter ihnen steckt*. De

Haas' Buch ist kein migrationskritisches Werk: Migration ist ökonomisch gut für die Einwanderungsländer. Aber der Autor zeigt, dass nicht alle gleichermaßen von der Migration profitieren. Migration nutzt in Europa besonders der Industrie und den gebildeten, ökonomisch bessergestellten Mittel- und Oberschichten. Für die unteren Schichten überwiegen die negativen Aspekte. Von diesen bekommen die besser Situierten jedoch wenig mit.

Migrationsforscher, die davon überzeugt sind, dass jede Form der Migration prinzipiell ein Gewinn für eine Gesellschaft ist, werden Daten, die dieser Überzeugung widersprechen, eher weniger stark gewichten oder gar ignorieren. Indem sie nur die positiven Seiten der Migration betonen, erfassen sie nicht die Lebensrealität eines Teils der Bevölkerung. Äußert diese Gruppe ihre Bedenken, werden diese schnell als Ressentiment und Vorurteile abgetan, da in der eigenen wissenschaftlichen Forschung diese negativen Seiten nicht vorkommen. Rechtspopulisten nutzen diesen Umstand. Sie machen sich zum Sprachrohr derer, die sich nicht gehört fühlen, und etablieren ihre eigenen migrationsfeindlichen Positionen. Sie negieren die positiven Seiten und betonen nur die negativen, was gleichermaßen der Realität nicht gerecht wird.

Eine nicht-aktivistische Migrationsforschung hingegen untersucht und thematisiert die unterschiedlichen Auswirkungen von Migration in den verschiedenen gesellschaftlichen Bereichen und schlägt Maßnahmen vor, um z. B. negative Auswirkungen zu reduzieren. Damit dies möglich ist, muss man sie aber erst erkennen bzw. benennen. Indem die aktivistische Forschung dies unterlässt, untergräbt sie das Vertrauen in die

Wissenschaft. Infolgedessen bestreitet ein Teil der Menschen nun auch richtige Ergebnisse.

Was wir brauchen

Akzeptieren, dass nicht alle progressiv sein können

Eine der größten Fehlannahmen progressiver Menschen besteht darin, zu glauben, dass die offene, liberale Gesellschaft mit ihren vielen verschiedenen Lebensmodellen, in der jedes Individuum das Recht hat, sein Leben nach seiner eigenen Vorstellung zu gestalten, für alle Menschen gleichermaßen attraktiv und erstrebenswert sei.

Vermutlich existieren wir als Menschheit nur deshalb noch, weil es neben progressiven Individuen solche gab, die das Bewährte hochgehalten haben. Beide Seiten sind für eine Gruppe oder Gesellschaft überlebensnotwendig.

Ohne Progressive gäbe es keinen Fortschritt. Wir würden wahrscheinlich immer noch ohne Feuer durch die Steppe ziehen, wenn sich die ersten Menschen-Gruppen nur sklavisch an die Lebensweise ihrer Vorfahren gehalten hätten. Es brauchte Einzelne, die den Aufbruch in die Ungewissheit wagten, die etwas noch nie Dagewesenes ausprobierten, die das Etablierte und Tradierte kritisch hinterfragten, die etwas Anderes und Besseres wollten und die dieses Bessere nicht nur für sich und ihresgleichen, sondern für viele wollten.

Doch es brauchte auch die Bewahrer, die darauf achteten, dass Riten und Rituale, die das Leben strukturieren, befolgt wurden, die dafür sorgten, dass das bereits Erreichte bewahrt wurde, die für Ordnung und Struktur sorgten und die sich ihrer Gemeinschaft gegenüber loyal verhielten. Nur weil die Evolution beide Typen sowie eine Mischung aus ihnen hervorgebracht hat, konnten menschliche Gruppen und Gesellschaften bis heute überdauern.

Historisch betrachtet waren die Progressiven lange Zeit in der Minderheit. Gesellschaften veränderten sich nur langsam. Mit der Moderne hat sich diese Entwicklung umgekehrt. Wir erleben heute eine enorme Beschleunigung in vielen Lebensbereichen. Neben der rasanten technologischen Entwicklung veränderten sich besonders unsere Werte. Durch die ökonomisch bedingte Globalisierung hat das progressive Paradigma in den modernen westlichen Gesellschaften nun einen strategischen Vorteil, weil es mit den schnellen Veränderungen deutlich besser umgehen kann.

Dies führt dazu, dass Menschen, die sich einem eher traditionellen Werteparadigma und Lebensstil verbunden fühlen, glauben, ihre Lebensleistung finde keine Anerkennung mehr. Hier geht es um den Konflikt, den der englische Journalist und Autor David Goodhart als Konflikt der „Somewheres" mit den „Anywheres" beschrieben hat, auch wenn die Gruppe derer, die Elemente beider Gruppen in sich vereint, vermutlich die größte ist. Beide Worte bedeuten auf Deutsch „irgendwo", gemeint ist der Unterschied zwischen „irgendwo" im Sinne von „an einem bestimmten Ort" und im Sinne von „egal wo, überall".

Die „Anywheres" gelten als gut ausgebildet und mobil. Sie legen großen Wert auf Autonomie, Offenheit und Flexibilität. Ihre Selbst-Identität hängt an ihren Bildungs- und Berufserfolgen. Weil sie erfolgreich sind, sind sie selbstsicher und fühlen sich wohl.

Die „Somewheres" sind stärker verwurzelt und weniger gut ausgebildet. Ihnen sind Gruppenzugehörigkeiten, Vertrautheit und Sicherheit wichtiger. Die eigene Kultur, Sprache und Tradition bedeuten ihnen mehr als den „Anywheres". Die „Somewheres" sind zudem öfter von Abstiegsängsten geplagt. Ein Teil hat Angst vor einem möglichen ökonomischen Abstieg, ein anderer Teil ist bereits abgestiegen.

Die Angst des autoritären Persönlichkeitstypus vor Vielheit reduzieren

Es sind aber nicht nur Abstiegsängste oder konservativere Werte, die dazu führen, dass Menschen mit der offenen Gesellschaft ihre Probleme haben und das Anliegen progressiver Gruppen, immer feinere Formen von Diskriminierung zu eliminieren, nicht teilen.

Die australische Psychologin Karen Stenner, die sich mit rechtem Autoritarismus beschäftigt, konnte in ihren Studien zeigen, dass Persönlichkeitsmerkmale eine große Rolle dabei spielen, ob wir Pluralität und Vielfalt lieben, ob wir gerne neue Erfahrungen machen oder ob uns das eher beunruhigt. Bestimmte Persönlichkeitsmerkmale wie ein niedriger Offenheitsfaktor begünstigen z. B. autoritäre Einstellungen. Ein niedriger Wert bedeutet, dass Menschen das Bekannte und Bewährte bevorzugen und Vielfalt ablehnen. Eine autoritäre Persönlichkeitsdisposition ist zu fünfzig Prozent genetisch bedingt. Oft geht sie mit einer reduzierten kognitiven Komplexitätsfähigkeit einher.

Komplexität und Verschiedenartigkeit moderner Gesellschaften erleben diese Menschen als bedrohlich und überfordernd. Sie streben nach Einigkeit und Gleichförmigkeit. Ordnung und Autorität bedeuten für sie Sicherheit. Die Studien von Stenner zeigen, dass sie bei Fragen zur Ethnie, zu bürgerlichen Freiheiten, zur Moral und Kriminalität intolerante und auf Bestrafung abzielende Einstellungen teilen. Das erklärt, warum die populistischen Ideen bei ihnen auf so viel Anklang stoßen.

Stenner betont aber auch, dass autoritäre Persönlichkeitsprofile nicht identisch mit denen von Konservativen sind. Konservative bewerten Veränderungen eher kritisch, während Autoritäre diese befürworten, wenn dadurch ihr Ziel, mehr Gleichförmigkeit und Einheit, erreicht wird. Umsturzphantasien sind eine Domäne autoritärer Persönlichkeitsprofile, nicht konservativer.

Für Menschen mit einer autoritäreren Persönlichkeit ist die Zugehörigkeit zu einer Gruppe, die ihnen kulturell, ethnisch und sprachlich vertraut ist und in der die gleichen Traditionen gepflegt werden, extrem wichtig. Je gleicher die Gruppe, desto besser ist es für sie. Die Mitglieder der Gruppe wollen sich „als ein gemeinsames ‚Wir' identifizieren", um dieses dann „zu glorifizieren, zu privilegieren und zu belohnen", wie Stenner betont. Dieser Wunsch steht in Gegensatz zu den

Werten liberaler und progressiver Persönlichkeitsstrukturen, die Individualität und Differenz schätzen und Toleranz als wesentlichen Wert gemeinsamen Lebens hochhalten.

Karen Stenner geht davon aus, dass fast 30 Prozent der Menschen eine autoritäre Disposition mitbringen. Auch wenn eine Disposition noch nicht bedeutet, dass eine Anlage zum Durchbruch kommt, bedeutet dies, dem Faktum ins Auge zu blicken, dass die Zahl der Menschen, die sich aufgrund ihrer Persönlichkeitsstruktur nicht für die Ideen der progressiven Gesellschaft und für woke Anliegen begeistern, nicht so klein ist. Sie reagieren auf alles, was sie als bedrohlich erleben, mit Abwehr. Sie sind nur so lange gesellschaftlich unauffällig, solange es ökonomisch für sie einigermaßen läuft. In Krisenzeiten lassen sie sich von populistischen Bewegungen rekrutieren. Die Angst vor dem eigenen Wohlstandsverlust sowie eine sich rasant verändernde Gesellschaft, die immer heterogener wird, lässt diese Menschen laut werden. Linksliberale oder gar woke Vorstellungen, die in mehr Pluralität und Heterogenität ein erstrebenswertes Ziel sehen, wirken für sie wie ein rotes Tuch.

Was bedeutet dieses Wissen im Kampf für eine offene Gesellschaft, die sich dem Engagement für Gleichheit und Gerechtigkeit verschrieben hat? Es heißt zunächst einmal anzuerkennen, dass für manche Menschen die Zugehörigkeit zu einer vertrauten ethnischen, kulturellen oder religiösen Gemeinschaft wichtiger ist als für andere. Die eigene kulturelle Identität speist sich nicht bei allen Menschen aus dem Kosmopolitismus.

Karen Stenner ist jedoch davon überzeugt, dass sich autoritäre Neigungen auch in einer offenen Gesellschaft konstruktiv nutzen lassen. Wichtig ist dafür, dass das Bedürfnis nach Zusammenhalt und gemeinsamer Identität Raum findet. Nationale Feiertage, gemeinsame Rituale und Symbole, die die Bürger an gemeinsame Werte und Ziele erinnern, sind für Menschen mit einer autoritären Einstellung von zentraler Bedeutung. Diese nur als Ausdruck nationalistischer Engstirnigkeit abzuwerten, wozu progressive Gruppierungen neigen, weil ihnen das Nationale der Mehrheitskultur suspekt ist, ist nicht hilfreich. Entscheidend ist nur, dass z. B. nationale Feiertage nicht ein „Wir-gegen-sie"-Gefühl aktivieren. Dies gelingt am besten, wenn inklusive Momente betont werden. So kann an einem Nationalfeiertag auf die gemeinsam geleistete Anstrengung verwiesen werden, durch die etwas Neues entstehen konnte, oder darauf, dass durch die gemeinsame Anstrengung Krisen bewältigt werden konnten.

Als die Integrationsbeauftragte der Bundesrepublik Deutschland, Aydan Özoğuz, 2017 in der Debatte um die deutsche Leitkultur erklärte, dass „eine spezifisch deutsche Kultur …, jenseits der Sprache, schlicht nicht identifizierbar" sei, weil die kulturelle Geschichte Deutschlands durch verschiedene regionale Kulturen und durch Einwanderung geprägt worden sei, führte diese Aussage in rechten Kreisen zur Empörung. Özoğuz hatte im zweiten Teil ihrer Aussage auf eine Tatsache verwiesen, die für nahezu alle modernen Nationalstaaten zutrifft. Ihre Kultur besteht fast überall aus einer Mischung unterschiedlicher regionaler und lokaler Traditionen, die durch eingewanderte Gruppen mitgeprägt wurden. Özoğuz Anliegen war es, statt ethnischer Kriterien, die exklusiv sind, das Grundgesetz zur Basis für das Zusammenleben in einer modernen Einwanderungsgesellschaft zu machen.

Für progressive Menschen ist dieser Paradigmenwechsel stimmig. Sie bevorzugen zudem die Gemeinschaft mit Menschen, die ihre progressiven Werte und Überzeugungen teilen, unabhängig von ethnischen oder religiösen Gemeinsamkeiten. Doch ein anderer Teil der Gesellschaft empfindet den ersten Teil der Aussage in dieser Form nicht als stimmig. Diese Menschen haben das Gefühl, durch mehr als nur durch die gleiche Sprache miteinander verbunden zu sein. Für Konservative und Menschen mit einer eher autoritären Persönlichkeit klingt der erste Teil der Aussage sogar wie ein Angriff auf ihre Identität.

Am leichtesten kann Gemeinschaft und Gruppenzugehörigkeit auf lokaler Ebene erfahren werden. Lokale Projekte und Gemeinschaftsinitiativen, die Bürger aktiv einbeziehen und ihnen ein Gefühl der Mitbestimmung und Verantwortlichkeit geben, sind wichtig. Menschen, denen die Verwurzelung mit ihrer Region etwas bedeutet, sind für ortsgebundene Aufgaben gut ansprechbar. Sie engagieren sich eher ehrenamtlich im Verein, sind Mitglieder in der Musikkapelle oder bei der Feuerwehr. Sie sind nachbarschaftlich erreichbar, da ihnen das Wir wichtig ist. In dieser vertrauten Welt, in der sie Gemeinschaft erfahren und gestalten, sind sie offener für Andere.

Etwas mehr Wertschätzung oder: „Der Haufen der Erbärmlichen"

Der amerikanische Philosoph Michael Sandel verwies in seinem Buch über *Gerechtigkeit* darauf, dass sehr viele gesellschaftliche Konflikte, die sich um eine gerechte Verteilung von Ressourcen usw. drehen, oftmals eigentlich Konflikte um Anerkennung, Respekt und Wertschätzung sind.

Woke Aktivisten, die die Gesellschaft nur in „gute Woke" und den „bösen Rest" einteilen, können Wertschätzung oder Respekt aber nicht für eine als falsch und böse bewertete Lebensweise aussprechen. Für den „bösen Rest" bleibt nur Verachtung und Abwertung. Es ist ein Teil des woken Selbstwiderspruchs, hypersensibel auf Verletzungen zu reagieren und größte Empathie mit Opfern zu zeigen, sich gleichzeitig aber aggressiv und abwertend gegenüber all jenen zu verhalten, die nicht zu einhundert Prozent die eigene Sichtweise teilen.

Da Abwertung psychisch belastend ist, versuchen Menschen diesen Zustand zu überwinden. Am besten gelingt dies, wenn das verletzte Selbst Anerkennung erfährt. Rechte Bewegungen haben diesen psychologischen Mechanismus verstanden. Ihre Protagonisten sind gut darin, die Abgewerteten anzusprechen und ihnen die Anerkennung zukommen zu lassen, die sie suchen. Man denke nur an Hillary Clintons Aussage über die Trump-Wähler als „the basket of deplorables" (der Haufen der Erbärmlichen), die Trump sofort aufgriff und positiv umformulierte. Er erwies ihnen Respekt, wenn auch nur aus machtpragmatischen Gründen.

Es geht mir nicht um eine Rechtfertigung reaktionärer oder diskriminierender Lebensvollzüge, sondern darum, zu zeigen, weshalb woker Aktivismus mit seinen Moralisierungsstrategien, zu denen auch die Abwertung anderer Lebensvollzüge zählt, nicht zielführend ist, wenn es darum geht, Gesellschaften offener und toleranter zu machen.

Sehr oft entscheidet die Art und Weise, wie Menschen etwas kommunizieren, darüber, ob das Gegenüber erreicht wird und sich ansprechen lässt. Der Inhalt selbst ist manchmal nur sekundär. Im Marketing ist diese Erkenntnis längstens Standard. Wir lassen uns zu Dingen überreden, weil unser Gegenüber auf uns eingeht und unsere Bedürfnisse anerkennt. Der umgekehrte Fall gilt allerdings genauso. Egal, wie inhaltlich stimmig Argumente sein mögen, wenn sie uns konfrontativ um die Ohren geschlagen werden, schalten wir auf Durchzug. Kaum jemand möchte sich vorhalten lassen, ein Klimasünder oder Tiermörder sein, oder als moralisch schlecht oder unsensibel gelten. Moralisierer sind leider schlechte Psychologen. Etwas mehr Marketing würde progressivem Denken gut tun.

Moralische Abrüstung

Im gesellschaftlichen Miteinander zeigt sich, dass woker Aktivismus mit seiner Moralisierungsstrategie zur Verschärfung der Debattenkultur und damit indirekt zum Erstarken der

Rechten beiträgt, denn immer mehr Themen mutieren zu moralischen Sprengfallen. Die in diesem Kontext erhobenen Schuldzuweisungen lösen bei den meisten Menschen eher Abwehrreaktionen als Verhaltensänderungen aus. Bei manchen entsteht eine regelrechte Trotzreaktion, ein „Jetzt erst recht", „Ich lass mir doch von Euch nichts vorschreiben".

Je stärker mit Verboten, Sprachregelungen und Sensibilisierungsmaßnahmen in Bereichen gearbeitet wird, die nicht eindeutig diskriminierend sind, sondern so nur bewertet werden, weil man sie durch eine bestimmte Theorie-Brille betrachtet, desto massiver wird die Gegenwehr. Rechtspopulisten wissen die Abneigung gegen woke Strategien geschickt zu kanalisieren und für sich nutzbar zu machen. Wer verhindern möchte, dass rechte Bewegungen, die im Gegensatz zur Mehrheit der Bevölkerung Gleichberechtigung und Gleichbehandlung von Minderheiten tatsächlich ablehnen, mit ihrem Denken immer größeren Erfolg erzielen, sollte deshalb moralisch etwas abrüsten.

Moralisch abzurüsten bedeutet, eine größere Ambiguitätstoleranz zu entwickeln und uneindeutige und mehrdeutige Situationen auszuhalten. Es bedeutet, dem Gegenüber nicht sofort eine negative Intention zu unterstellen. Es geht darum, eine größere psychische Resilienz zu entwickeln, wie Varnan Chandreswaran es formuliert.

Was als verletzend empfunden wird, hat, wie gezeigt, oft mit der Bewertung durch die jeweilige Person zu tun. Je schwächer der Selbstwert eines Menschen ist, desto schwerer fällt es diesem, Mehrdeutigkeiten auszuhalten. – Das Persönlichkeitsprofil des vulnerablen Narzissmus ist im aktivistischen Milieu keine vernachlässigbare Randerscheinung. Empörung gegen Unrecht speist sich eben nicht immer nur aus einem hohen ethischen Bewusstsein, sondern manchmal aus dem Gefühl der Kränkung und der Hoffnung, als Opfer mehr Anerkennung zu bekommen.

Moralisch abzurüsten bedeutet nicht, moralische Maßstäbe und Werte über Bord zu werfen, sondern mit weniger Empörung und Anklage zu agieren. Jede Kleinigkeit wie ein schweres Vergehen zu behandeln, wird weder dem Sachverhalt gerecht, noch dient es Menschen, die Opfer schwerer Übergriffe wurden.

Das Problem ist, dass für viele Woke alles jenseits ihrer eigenen Bubble als verwerflich gilt. Wer aber alle für rassistisch, homophob, sexistisch, kurz: für diskriminierend hält und keine Grautöne akzeptiert, trägt zur Verschärfung des Konflikts bei.

Der Moralismus mit seinem ausgeprägten Schubladendenken ist ungeeignet, gesellschaftliche Entwicklungen differenzierter betrachten. Doch ohne differenzierte Analyse von gesellschaftlichen Entwicklungen ist es nicht möglich, dem Rechtspopulismus, der kontinuierlichen Zulauf erfährt, etwas entgegenzusetzen. Durch ein Ignorieren von Fakten, durch Diskursverbote, den Ausschluss von Personen aus dem Diskursraum, die Bedeutungserweiterung von Begriffen, die beweisen sollen, dass Diskriminierung immer weiter voranschreitet, ist niemandem geholfen, außer den Rechten.

Entspannt Euch!

2010 veröffentlichte der damals 93-jährige ehemalige französische Widerstandskämpfer und UN-Diplomat Stéphane Hessel ein kleines Manifest. *Empört Euch!* wurde nicht nur zu einem Bestseller, sondern vor allem zur Inspiration für viele Menschen und politische Bewegungen, die sich für eine bessere und gerechtere Gesellschaft einsetzen. Hessel kritisierte in seinem Manifest vieles: vom Finanzkapitalismus über die israelische Siedlungspolitik, den Sozialabbau, die Umweltpolitik und den Umgang mit Ausländern. Vieles, wogegen woke Aktivisten auch heute kämpfen.

Nach 15 Jahren Empörung ist es vielleicht an der Zeit, dass wir einen Gang herunterschalten und uns etwas entspannen. Entspannung bedeutet nicht, dass wir die Hände in den Schoß legen, sondern uns in einem unaufgeregteren, sachlicheren und konstruktiveren Modus für eine lebenswerte Gesellschaft engagieren und mit denen im Gespräch bleiben, die nicht in allen Punkten mit uns übereinstimmen. Die offene Gesellschaft, in der unterschiedlichste Menschen ihre Version eines guten Lebens leben können, ist nur möglich, wenn die große Mehrheit der Gesellschaft dieses Projekt mitträgt.

Literatur

Brucker, Pascal: Ich kaufe, also bin ich, Berlin 2004.

Campbell, Bradley/Manning, Jason: Microaggression and Moral Cultures, in: Comparative Sociology 13 (2014), S. 692–726, https://doi.org/10.1163/15691330-12341332.

Ceming, Katharina: Grenzwertig. Was in Debatten über Rassismus, Identitätspolitik und kulturelle Aneignung schiefläuft, Schwarzach am Main 2023.

Ceming, Katharina: Sinnerfüllt, Schwarzach am Main 2022.

Chandreswaran, Varnan: Gefangen in der Opferrolle. Warum Wokeness scheitert, Hamburg 2024.

Ermagen, Ninve: Sie stellen mir nach und verfolgen mich, in: Frankfurter Allgemeine Zeitung, 02.10.2024.

Fourest, Caroline: Generation Beleidigt. Von der Sprachpolizei zur Gedankenpolizei, Berlin 2020.

Haas, Hein de: Migration. 22 populäre Mythen und was wirklich hinter ihnen steckt, Frankfurt am Main 2023.

Haidt, Jonathan: Alles deutet auf die große Neuverdrahtung der Kindheit hin, Interview in: Die Welt, 26.06.2024.

Haidt, Jonathan: Why Concepts Creep to the Left, in: Psychological Inquiry 27 (2016), S. 40–45, https://doi.org/10.1080/1047840X.2016.1115713.

Haslam, Nick: Concept Creep. Psychology's Expanding Concepts of Harm and Pathology, in: Psychological Inquiry 27 (2016), S. 1–17, https://doi.org/10.1080/1047840X.2016.1082418.

Henning, Tim: Wissenschaftsfreiheit und Moral, Frankfurt am Main 2024.

Hessel, Stéphane: Empört Euch! Berlin 2011.

Hübl, Philipp: Moralspektakel. Wie die richtige Haltung zum Statussymbol wurde und warum das die Welt nicht besser macht, München 2024.

Jaspers, Karl: Die Schuldfrage. Von der politischen Haftung Deutschlands, München 2012.

Krispenz, Ann/Bertrams, Alex: Understanding Left-Wing Authoritarianism. Relations to the Dark Personality Traits, Altruism, and Social Justice Commitment, in: Current Psychology 43 (2024), S. 2714–2730, https://doi.org/10.1007/s12144-023-04463-x.

Liebert, Juliane/Othmann, Ronya: Die Jury, in: Die Zeit, Nr. 22/2024, 15.05.2024, https://www.zeit.de/2024/22/literaturpreis-jury-abstimmung-insider-macht-weltanschauung.

Mau, Steffen: Wut kann Impulse setzen, aber keine Probleme bearbeiten, in: Philosophie Magazin, 15.04.2021.

Mau, Steffen/Lux, Thomas/Westheuser, Linus: Triggerpunkte. Konsens und Konflikt in der Gegenwartsgesellschaft, Frankfurt am Main 2023.

McWhorter, John: Die Erwählten. Wie der neue Antirassismus die Gesellschaft spaltet, Hamburg 2022.

Mounk, Yascha: Im Zeitalter der Identität. Der Aufstieg einer gefährlichen Idee, 2. Aufl. Stuttgart 2024.

Neuhäuser, Christian/Seidel, Christian: Was ist Moralismus? Über Zeigefinger und den Ort der Moral, Ditzingen 2022.

Neiman, Susan: Links ist nicht woke, Berlin 2023.

Pluckrose, Helen/Lindsay, James: Zynische Theorien. Wie aktivistische Wissenschaft Race, Gender und Identität über alles stellt – und warum das niemandem nützt, München 2022.

Sandel, Michael J.: Gerechtigkeit. Wie wir das Richtige tun, Berlin 2013.

Schröter, Susanne: Der neue Kulturkampf: Wie eine woke Linke Wissenschaft, Kultur und Gesellschaft bedroht, Freiburg im Breisgau 2024.

Starmans, Christina/Sheskin, Mark/Bloom, Paul: Why People Prefer Unequal Societies, in: Nature Human Behaviour 1 (2017), Art.-Nr. 0082, https://doi.org/10.1038/s41562-017-0082.

Stenner, Karen: The Authoritarian Dynamic, New York 2005.

Sullivan, Daniel/Landau, Mark J./Branscombe, Nyla R./Rothschild, Zachary K.: Competitive Victimhood as a Response to Accusations of Ingroup Harm Doing, in: Journal of Personality and Social Psychology 102/4 (2012), S. 778–795, https://doi.org/10.1037/a0026573.

Die **Kohlhammer Trilogien** – Gesellschaftsthemen aus verschiedenen Perspektiven beleuchtet!

Die Sachbuchreihe **Kohlhammer Trilogien** behandelt aktuelle gesellschaftliche Themen in drei Bänden aus unterschiedlichen Perspektiven. Die Bücher bieten abgesicherte Hintergrundinformationen und gecheckte Fakten. Die Inhalte sind knapp, verständlich und journalistisch geschrieben – kurz: spannend.

Sie können die Bände einzeln beziehen oder im Paket zum Vorteilspreis.

Band 1
Benjamin Hindrichs
Rechtspopulisten:
Radikale auf dem Weg zur Macht
166 Seiten, fester Einband
ISBN 978-3-17-044980-0
€ 19,– (D) / CHF 22,80 / € 19,50 (A)

Band 2
Katharina Ceming
Entspannt Euch!
Warum moralische Empörung nicht hilft
164 Seiten, fester Einband
ISBN 978-3-17-044977-0
€ 19,– (D) / CHF 22,80 / € 19,50 (A)

Band 3
Christian Masengarb
Make Democracy Sexy Again:
In fünf Minuten pro Woche
177 Seiten, fester Einband
ISBN 978-3-17-044983-1
€ 19,– (D) / CHF 22,80 / € 19,50 (A)

Paket der drei Bände
zum Vorteilspreis
„Von Hetzern und Empörten"
507 Seiten, fester Einband
ISBN 978-3-17-045024-0
€ 48,– (D) / CHF 57,60 / 49,30 (A)

Weitere Informationen unter **shop.kohlhammer.de**